LANGENSCHEIDTS MUSTERBRIEFE

100 Briefe Englisch

für Export und Import

Neubearbeitung 1967

von

B. ANDERSON und DR. M. NORTH

LANGENSCHEIDT

BERLIN · MÜNCHEN · WIEN · ZÜRICH

Auflage:	*9.*	*8.*	*7.*	*6.*	*5.*	*Letzte Zahlen*
Jahr:	*1981*	*80*	*79*	*78*	*77*	*maßgeblich*

Druck: Druckhaus Langenscheidt, Berlin-Schöneberg
Printed in Germany
ISBN 3-468-41120-0

VORWORT

„Langenscheidts Musterbriefe" sind allen Sprachenlernenden und allen, die Geschäftsbriefe in fremden Sprachen schreiben müssen, seit Jahrzehnten wohlvertraut. Die in dieser Reihe abgedruckten Musterbriefe haben sich bewährt; man kann sie in der Praxis — häufig sogar im Wortlaut — mit großem Nutzen verwenden.

Jedoch unterliegt auch der Stil der Geschäftsbriefe dem zeitlichen Wandel. Es war daher notwendig, die „100 Briefe Englisch" von John Libis und John Carr neu zu bearbeiten, um dem modernen und frischen Stil, der die heutigen englischen Geschäftsbriefe kennzeichnet, Rechnung zu tragen. Dabei wurde jedoch darauf geachtet, daß nach wie vor alle Geschäftsvorgänge, bei denen englische Korrespondenz anfällt, in den Musterbriefen behandelt werden.

Die Vokabelspalten wurden wesentlich erweitert. Neu ist auch die Darbietung der Anmerkungen in erweiterter Form am Schluß des Buches. In diesen werden zentrale Begriffe der englischen Handelskorrespondenz behandelt, die in den Vokabelspalten aus Umfangsgründen nicht erläutert werden können. Den eigentlichen Musterbriefen vorangestellt ist eine Darstellung der äußeren Form und Aufmachung der englischen Geschäftsbriefe. Im Anhang findet der Benutzer eine Tabelle der englischen und amerikanischen Maße und Gewichte.

LANGENSCHEIDT KG

INHALTSVERZEICHNIS

SACHVERZEICHNIS

(Die Zahlen beziehen sich auf die Numerierung der Briefe)

Alle in den Musterbriefen verzeichneten Namen, Anschriften usw. sind fingiert; die darin enthaltenen Warenpreise sind, da sie dauernden Schwankungen unterliegen, nicht als maßgebend anzusehen.

Kaufmännische Musterbriefe liegen auch für die französische, italienische, portugiesische und spanische Sprache vor. Aus unserem Verlagsprogramm empfehlen wir gleichfalls: „Englisch für Kaufleute“ — ein umfassendes Handbuch der Handelskorrespondenz mit einer Einführung in die Handelskunde.

DIE ÄUSSERE FORM
DES ENGLISCHEN GESCHÄFTSBRIEFES

Im Laufe einer langen Überlieferung hat sich in englischen Geschäftsbriefen*) eine feste äußere Form herausgebildet, die ihnen ein gewisses charakteristisches Gepräge verleiht. Sie ist — von geringfügigen Abweichungen abgesehen — in der Geschäftswelt aller derjenigen Länder üblich, in denen Englisch gesprochen wird. Der deutsche fremdsprachliche Korrespondent tut deshalb gut, sich mit diesen Formen vertraut zu machen und sie unter Beachtung der im folgenden gegebenen Grundsätze zu verwenden.

Muster 1 (englisch)

```
                        Berlin, 27th March, 19..

John Taylor & Sons, Ltd.,
98, Leadenhall Street,
London, E.C.3
England.

Dear Sirs,
          We acknowledge receipt of the goods
about which you advised us on 23rd March.
          To show our satisfaction, we en-
close a further order and rely entirely
upon you for its careful fulfilment.

                             Yours faithfully,
                           Emil Kellermann & Sohn
Enc.
```

*) Wenn nicht ausdrücklich anders vermerkt, beziehen sich diese allgemeinen Angaben auch auf amerikanische Geschäftsbriefe. Der Gebrauch in den Ländern des britischen Commonwealth, in Afrika und in Australasien nähert sich dem Englands; Kanada und die Westindischen Inseln neigen mehr zu dem Gebrauch der Vereinigten Staaten.

Die Aufmachung des englischen Geschäftsbriefes

Da es aus satztechnischen Gründen nicht möglich ist, die folgenden 100 Briefe genau so abzudrucken, wie sie in der Geschäftspraxis geschrieben werden sollten, folgt zunächst je eine Probe eines englischen und eines amerikanischen Geschäftsbriefes als Muster (Muster 1 s. S. 7) für den praktischen Gebrauch.

Muster 2 (amerikanisch)

Berlin, March 27, 19..

John Taylor & Sons, Inc.
98 Michigan Avenue
Chicago, Ill.
USA

Attention of Mr. L.M. Brown

Gentlemen:

We acknowledge receipt of the goods about which you advised us on March 23.
As we are very satisfied with the goods we are enclosing another order and we are content to rely entirely upon you as to its careful fulfillment.

Yours truly,
Emil Kellermann & Sohn

Enc.

Beide Briefe unterscheiden sich rein äußerlich durch die Anordnung: der Hauptteil des Briefes ist in der englischen Vorlage in der sog. eingerückten Form (*indented form*), im amerikanischen Brief in der Blockform (*block form*) geschrieben. Ferner weichen sie auch in Anrede und Stil voneinander ab (Näheres darüber siehe nachstehend). Es muß jedoch darauf hingewiesen werden, daß mehr und mehr englische Firmen die amerikanische Briefform vorziehen, d. h. den Brief selbst sowie die Adresse auf dem Umschlag in Blockform setzen. Auch der amerikanische Fensterbriefumschlag setzt sich langsam in England durch. Viele Abweichungen von der Standardform des englischen Briefes sind allerdings nicht, wie häufig angenommen wird, eine Anlehnung an amerikanischen Gebrauch, sondern Neuerungen, die von großen Firmen aus Gründen der Zeitersparnis eingeführt werden. Typische Neuerungen dieser Art sind die Auslassung der Interpunktion in Adressen und Titelabkürzungen (z. B. *F. Brown, BSc PhD* anstelle von *F. Brown, B.Sc., Ph. D.* etc.), oder die Anwendung von kleinen Anfangsbuchstaben, wo grammatikalisch Großbuchstaben benutzt werden sollten (z. B. im gedruckten Briefkopf, wo selbst Namen bisweilen mit kleinen Anfangsbuchstaben erscheinen). Viele Firmen stehen diesem neuen Stil ablehnend gegenüber; man wird abwarten müssen, welche Neuerungen sich allmählich durchsetzen werden.

Britisches Englisch (BE) und Amerikanisches Englisch (AE)

Entgegen einer allgemein verbreiteten Ansicht bestehen im Schriftverkehr, abgesehen von der Rechtschreibung (s. nächster Absatz), keine nennenswerten Unterschiede zwischen gutem BE und gutem AE. Der amerikanische Stil ist meist etwas weniger formell, aber die Hauptunterschiede — Aussprache und umgangssprachliche Besonderheiten — fallen nicht in das Gebiet des kaufmännischen Schriftwechsels. Der Amerikaner benutzt einige ältere englische Wendungen in ihrer ursprünglichen Form oder Bedeutung, die vom BE abweichen (z. B. Partizip Perfekt von *get*: AE *gotten*, BE *got*; oder *presently*: AE „im Moment", BE „sogleich", etc.), und auch auf technischem Gebiet dürften auf Grund der verschiedenartigen Entwicklung mehr oder minder wichtige Änderungen des Wortschatzes auftreten, für die man ein Fachwörterbuch zu Rate ziehen muß. Bei Abweichungen, die den Wortschatz des täglichen Lebens betreffen, ist zu beachten, daß ein Engländer meist die Bedeutung des amerikanischen Wortes kennt oder erkennt, einem Amerikaner dagegen die englische Form nicht unbedingt geläufig ist. (Z. B. versteht jeder Engländer *flashlight* oder *sidewalk*, während viele Amerikaner mit *torch* oder *pavement* „Taschenlampe", „Bürgersteig" Schwierigkeiten hätten.)

Gegenüber dem britischen Englisch (BE) weist die Rechtschreibung im amerikanischen Englisch (AE) hauptsächlich folgende Eigenheiten auf:

1. Häufige Weglassung des **Bindestrichs**, z.B. newsstand, breakdown, soapbox, coed, cooperate.
2. Wegfall des **u** in der Endung **-our**, z.B. col*or*, hum*or*, hon*or*able, fav*or*.
3. **-er** statt BE **-re** in Endsilben, z.B. cent*er*, fib*er*, theat*er*, aber nicht bei massacre.
4. Verdopplung des Endkonsonanten **l** erfolgt nur, wenn der Hauptakzent auf der Endsilbe liegt, daher z.B. AE counci*l*or, jewe*l*ry,

quarre*l*ed, trave*l*ed, woo*l*en; andererseits findet sich im AE enroll(s), fulfill(s), skillful, installment, dullness, fullness = BE enrol(s), fulfil(s), skilful, instalment, dulness, fulness.

5. AE **s** statt BE **c,** besonders in der Endsilbe **-ence,** z.B. def*ense*, off*ense*, lic*ense*, aber auch AE practice und practise als Verb.
6. Verbreitet sind Vereinfachungen oder Wegfall fremdsprachlicher Endungen, z.B. dialo*g*(*ue*), prolo*g*(*ue*), catalo*g*(*ue*), progra*m*(*me*), envelo*p*(*e*).
7. Verbreitet ist ferner die Vereinfachung von **ae** und **oe** zu **e,** z.B. an(*a*)*e*mia, an(*a*)*e*sthesia, subp(*o*)ena, man(*o*)*e*uvers.
8. Die Endung **-ction** wird statt **-xion** bevorzugt, z.B. conne*ction*, infle*ction*.
9. Verbreitet findet sich die Konsonantenvereinfachung, z.B. wa*g*on, kidna*p*ed, worshi*p*ed, benefi*t*ed.
10. AE bevorzugt **-o-** statt **-ou-,** z.B. m*o*(*u*)ld, sm*o*(*u*)lder, pl*o*w statt BE plough.
11. Stummes **e** entfällt in Wörtern wie abridg(*e*)ment, judg(*e*)ment, acknowledg(*e*)ment.
12. AE gebraucht die Vorsilbe **in-** statt **en-** häufiger als BE, z.B. *in*close, *in*fold, *in*case.
13. AE bevorzugt die folgende Schreibweise in Einzelfällen: *check* = BE cheque, *hello* = BE hallo, *cozy* = BE cosy, *mustache* = BE moustache, *gypsy* = BE gipsy, *skeptical* = BE sceptical, *peddler* = BE pedlar, *gray* = BE grey.
14. Neben although, all right, through finden sich die informell-familiären Formen *altho, alright, thru.*

Die Anschrift: the address

Die Anordnung der Anschrift gleicht der seit einiger Zeit auch im Deutschen üblichen: die Straßenbezeichnung geht dem Bestimmungsort (*place of destination*) voran. Die Hausnummer steht jedoch im Englischen vor dem Straßennamen. Man beachte ferner die Kommasetzung, die, wie schon erwähnt, sowohl im amerikanischen wie englischen Briefen neuerdings mehr und mehr entfällt.

Briefe an eine Einzelperson richtet man an *Mr. John Brown* (AE) oder *John Brown, Esq.* (BE). *Esq.* entspricht etwa dem deutschen „Hochwohlgeboren", ist aber im Englischen sowohl in Geschäfts- als auch in Privatbriefen immer korrekt. Der Amerikaner benutzt es nur in Briefen, die sich an den *United States Ambassador* (Botschafter) richten. Schreibt man an mehrere Personen (Doppelfirma usw.), so fällt in der Adresse das altmodische *Messrs.*, das aus dem französischen *messieurs* abgekürzt ist und ['mesəz] ausgesprochen wird, meist weg, obwohl es im Brief selbst noch anzutreffen ist. Aber auch hier ist es nicht unhöflich, diese Anrede auszulassen. Der einzige Fall, in dem die Anrede in Adresse und Brief benutzt werden sollte, ist die Bezugnahme auf Rechtsanwälte (*lawyers*) und Wirtschaftsprüfer (*accountants*). Bei Schriftstücken, die für Sachfirmen (Banken usw.) bestimmt sind, schreibt man meist an den Geschäftsführer oder einen Angestellten: *The Manager, Barclays Bank; H. Brown, Esq., The Liverpool Cotton Dealers' Association.* — Im amerikanischen Englisch und manchmal auch im britischen Englisch findet sich eine zusätzliche Adressierung (*attention line*), wenn der Brief die Aufmerksamkeit eines bestimmten Angestellten finden soll. Der Vermerk *Attention of Mr. L. M. Brown* oder *For the attention of Mr. L. M. Brown* steht zwischen Adresse und Eröffnungsformel. — Man merke hierzu noch die Abkürzungen einiger Vornamen: *Chas.* = *Charles; Jas.* = *James*; *Thos.* = *Thomas; Wm.* = *William,* die meist in den eingetragenen Firmennamen amerikanischer Gesellschaften zu finden sind.

Die große Zahl der Bezeichnungen für Straße, Platz usw. macht es unmöglich, sie hier aufzuführen (man vgl. dazu die 100 Briefe). Die gebräuchlichsten hierher gehörigen Abkürzungen sind: *St.* = *street* Straße; *Gdns.* = *gardens* Gärten; *Pl.* = *place* Platz; *Sq.* = *square* (viereckiger) Platz; *Ct.* = *court* Hof; *Terr.* = *terrace* Terrasse; Rd. = *road* Straße; *Bldgs.* steht für *buildings* Gebäude. — In Amerika werden Straßen häufig numeriert. Dabei pflegt man die Ordnungszahlen bis 10 auszuschreiben, über 10 die Ziffer zu setzen: *30, East Second Street; 57, 151st Street.*

Der Bestimmungsort wird zur Hervorhebung zweckmäßigerweise unterstrichen, gesperrt oder durchgehend mit großen Buchstaben geschrieben. Bei größeren englischen Orten ist der Postbezirk anzugeben: *London, E.C.3* = *Eastern Central* Mitte Ost, *S.W.2* = *South West* Südwest, usw. Kleinere Städte oder mehrfach auftretende Städtenamen werden in England durch Beifügung des Landkreises (*county*) gekennzeichnet.

In Amerika gibt es für den gleichen Zweck den sog. *Zip Code,* eine fünfstellige Zahl, die hinter den Namen des Bundesstaates gesetzt wird und sich in etwa mit der deutschen Postleitzahl vergleichen läßt. Die fünf Ziffern beziehen sich in der angegebenen Reihenfolge auf:

1. *section of the country* (Teil des Landes)
2. *state* (Staat)
3. *county* (Landkreis)
4. *city* (Stadt)
5. *post office in that city* (Postamt in der Stadt).

Allerdings ist die Anwendung des Codes nicht vorgeschrieben und wird meistens vermieden, da das Zahlensystem etwas ungeordnet und unübersichtlich ist.

Da viele Ortsnamen in mehreren Ländern vertreten sind, — es gibt z. B. acht London in der Welt —, empfiehlt es sich, in einer vierten Zeile den Ländernamen anzugeben. Ebenfalls um Verwechslungen zu vermeiden — Boston kommt in USA z. B. zwölfmal, Hollywood elfmal vor —, ist in den Vereinigten Staaten stets der Staat dem Bestimmungsort hinzuzufügen: *Binghamton, N.Y.* (= im Staate *New York*); *Boston, Mass.* (= *Massachusetts*); *Chicago, Ill.* (= *Illinois*); *Hollywood, Cal.* (= *California*) usw. — Benutzt der Empfänger für seine Posteingänge ein Postschließfach, wie es in Übersee häufig der Fall ist, so ist das auf der Adresse entsprechend zu vermerken: *P.O. Box 249.*

Die gebräuchlichsten Leitvermerke für die Post sind:

By Air Mail	Durch Luftpost
c/o (= care of)	Per Adresse, bei
C.O.D. (= cash on delivery; AE = collect on delivery)	Nachnahme
Express Delivery	Durch Eilboten
If not delivered, please return	Falls unbestellbar, bitte zurück
P. O. Box	Post(schließ)fach
Please forward	Bitte nachsenden
Poste Restante / *To be called for*	Postlagernd
Printed Matter	Drucksache
Recorded Delivery	Einschreiben (ohne Entschädigungsanspruch)
Registered	Einschreiben
Samples without Commercial Value, Unsaleable Samples	Muster ohne Wert
Urgent	Eilt! Dringend!
Value £ . . .	Wert(brief) über £ . . .

Der eigentliche Brief: the letter proper

Das Datum (*the date*). — Die beiden häufigsten Formen des Datums sind: *27th March, 19. .* (BE) und *March 27, 19. .* (AE) — man beachte das Komma vor der Jahreszahl. Die englische Form wird immer als: *the twenty-seventh of March* gelesen. Die amerikanische Form, die auch in England an Beliebtheit gewinnt, wird von dem Amerikaner als: *March, twenty-seventh* diktiert, von dem Engländer als: *March, the twenty-seventh.* Andere Monatsbezeichnungen, z. B. *inst.* für „diesen Monat", *ult.* für „letzten Monat" usw., sind veraltet. Auch andere Bezeichnungen als *letter* für „Brief" (z. B. *your favour of . ., your esteemed favour of . ., your lines of . ., yours of . ., our respects of . . .*) sind im modernen Geschäftsenglisch zu vermeiden. Bei der Jahresangabe wird im BE und AE das Wort *hundred* nur bei den ersten zehn Jahren des Jahrhunderts ausgesprochen, also *nineteen hundred, nineteen hundred and five,* aber *nineteen ten, nineteen sixty-six* usw. Die Buchstaben der Ordnungszahlen — *1st = first, 2nd = second, 3rd = third, 4th = fourth* usw. — werden aus Gründen der Zeitersparnis bisweilen fortgelassen. Ferner kommen aus demselben Grund alle möglichen Abkürzungen des Datums durch (arabische und römische) Ziffern vor, deren Nachahmung sich jedoch nicht empfiehlt, weil dadurch gelegentlich Unklarheiten oder Irrtümer entstehen können.

Die Eröffnungsformel (*the opening salutation*). — Sie lautet in einem an eine Einzelperson gerichteten Schreiben in England und USA *Dear Sir.* In Amerika bürgert sich daneben die vertraulichere Anrede *Dear Mr. Taylor* ein. In der Mehrzahl schreibt man in England gewöhnlich *Dear Sirs,* in Amerika *Gentlemen.* (Es ist zu beachten, daß *Gentlemen* in der Briefanrede nie in der Einzahl verwendet wird.) Auf die Eröffnungsformel folgt in England ein Komma, in den Vereinigten Staaten ein Doppelpunkt; in beiden Fällen beginnt man den Brieftext mit großem Anfangsbuchstaben.

Der Hauptteil des Briefes (*the body of the letter* oder *subject matter* oder *text*). — Eine gefällige Anordnung und übersichtliche Gliederung des Brieftextes tragen wesentlich zum Eindruck bei, den das Schreiben beim Empfänger hervorruft. Man beginne für jeden neuen Gedanken einen neuen Absatz, den man stets im gleichen Abstand vom Rand anfangen lasse und durch einen zweizeiligen Zwischenraum von dem vorhergehenden Absatz trenne. Zur besseren Übersicht stellt man, neben dem Diktatzeichen (*reference initials*), häufig dem eigentlichen Brief eine Geschäftsnummer (*reference number*) oder ein „Betrifft" (*subject line*) voran, das man grundsätzlich unterstreichen sollte:

5 cases Cutlery, marked F.S. 1—5, ex S.S. "Hamburg"

„Betr.: 5 Kisten Messerwaren, gezeichnet F. S. 1—5, aus D. „Hamburg"."

Die Schlußformel (*the complimentary close*). — Es ist üblich, einen Geschäftsbrief mit einem Hauptsatz zu beenden und darunter die Schlußformel *Yours faithfully* zu setzen (d. i. wörtlich: „der Ihrige auf getreue Art und Weise"; es entspricht deutschem „Hochachtungsvoll"). Nichtssagende, häufig in der Form von Partizipialsätzen abgefaßte Schlußphrasen (*closing paragraphs*) gelten als veraltet und sind zu vermeiden. Will man am Briefende noch einen Wunsch usw. ausdrücken, so tue man dies in der Form eines einfachen Hauptsatzes: *We await your further news (instructions, decision* usw.) *in the matter. Yours faithfully, X & Co.* — Statt des förmlichen *Yours faithfully* kommt besonders in Amerika auch das vertraulichere *Yours (very) truly* vor. Besonders in USA begegnet man auch den Umstellungen: *Faithfully yours* und *Truly yours.* Es empfiehlt sich, zunächst einmal den förmlicheren Schluß zu wählen und später die vertraulichere Formel des Geschäftsfreundes (z.B. *Yours sincerely*) zu verwenden.

Anlagen (*enclosures*). — Werden dem Schreiben Anlagen (Preisliste, Rechnung, Versicherungspolice, Konnossemente usw.) beigefügt, so versäume man nicht, am Briefende durch die Angabe *Enclosure(s)* (auch: *Inclosure(s)*; Abk.: *Enc., Encl.* oder *Enc's.*) darauf aufmerksam zu machen oder sie einzeln aufzuführen, da sie sonst beim Versand leicht vergessen werden können.

Von der Nachschrift ist nur in Ausnahmefällen Gebrauch zu machen; etwa wenn nach Abschluß des Briefes noch eine den Geschäftsvorfall betreffende Nachricht eingeht. Die Abkürzung ist *P.S.* (= *postscript*) oder *N.B.* (= *nota bene*).

Im übrigen beachte man folgenden Rat: Jeder Korrespondent fasse seine Briefe in höflichem, jedoch nicht unterwürfigem Ton ab und schreibe im Interesse des Ansehens seiner Firma und der deutschen Wirtschaft nur einwandfreie und fehlerlose Briefe ins Ausland.

Großschreibung — Silbentrennung
Zeichensetzung

Große Anfangsbuchstaben (*capital letters*) werden manchmal zur Hervorhebung einzelner Wörter, die Waren, Schriftstücke oder Personen bezeichnen, in kaufmännischen Briefen verwendet.

Silbentrennung (*division of words*). — Abweichend vom Deutschen werden Stamm und Endung voneinander getrennt: *hous-es, writ-ing, writ-er, consider-able, connex-ion.* Dabei bleiben ursprüngliche Doppelkonsonanten ungetrennt: *call-ing, full-er.*

Die Zeichensetzung (*punctuation*) des Englischen, besonders die Kommasetzung, weicht vielfach vom deutschen Gebrauch ab. Die Befolgung der wichtigsten Zeichensetzungsregeln gehört aber auch mit zu einem gepflegten Geschäftsbrief. Abweichend vom Deutschen ist das Komma im Englischen in drei Fällen auszulassen und in drei Fällen zu setzen.

Das Komma wird im Englischen nicht gesetzt:

1. vor *that*, „daß": *He advised me that the tea had been shipped by S.S. Hull.* „Er teilte mir mit, daß der Tee mit D. Hull verschifft worden sei";
2. vor einschränkenden (= unentbehrlichen) Relativsätzen: *The numbers which you ordered are sold out.* „Die Nummern, die Sie bestellt haben, sind ausverkauft." *The case containing hardware was lost.* „Die Kiste, die Eisenwaren enthielt, ist verlorengegangen."
   (N.B.: Vor erläuternden [= entbehrlichen] Relativsätzen steht dagegen ein Komma: *Our agent, who will arrive in London next week, will call on you immediately.* „Unser Vertreter, der nächste Woche in London ankommt, wird unverzüglich bei Ihnen vorsprechen.");
3. vor Infinitivsätzen, auch wenn der Infinitiv durch das Gerundium wiedergegeben wird: *We asked you to send the toys by the 10th of this month.* „Wir baten Sie, die Spielwaren bis zum 10. d. M. zu schicken." *It is no use trying to send us second-rate coffees.* „Es ist zwecklos zu versuchen, uns zweitklassige Kaffees zu schicken."

Das Komma steht dagegen im Englischen:

1. oft nach einleitenden Umstandsbestimmungen: *Four weeks afterwards, we cannot entertain claims.* „Vier Wochen später können wir

keine Beanstandungen berücksichtigen." (Es ist jedoch stilistisch besser, solche Umstandsbestimmungen an das Ende des Satzes zu stellen.);

2. im Innern des Satzes vor und nach eingeschaltetem *however, indeed, therefore, too* usw.: *The price, however, is rather high.* „Der Preis ist jedoch ziemlich hoch." *We must, therefore, decline any responsibility on our part.* „Wir müssen daher jede Verantwortung unsererseits ablehnen."
3. Meist vor *and* in Aufzählungen von mehr als zwei Gliedern: *I enclose Invoice, Bill of Lading, and Insurance Policy.* „Ich füge Rechnung, Konnossement und Versicherungspolice bei." *We order knives, forks, spoons, and teaspoons.* „Wir bestellen Messer, Gabeln, Löffel und Teelöffel."

Abkürzungen

Abkürzungen (*abbreviations*) sind bei Engländern wie Amerikanern sehr beliebt. In nachfolgendem Verzeichnis werden die in der Geschäftskorrespondenz gebräuchlichsten und in den vorangegangenen Seiten noch nicht behandelten Abkürzungen aufgeführt. Auf diese sollte der Nichtengländer sich im wesentlichen beschränken.

a.c. *account current* Kontokorrent
AC *alternating current* Wechselstrom
a/d *after date* nach Dato
a.m. (< lat. *ante meridiem*) vormittags
art. *article* Artikel
A/S *account sales* Verkaufsabrechnung
B/E *bill of exchange* Wechsel, Tratte
B(s)/L *bill(s) of lading* Konnossement(e), Seefrachtbrief(e)
Bros. *Brothers* Gebrüder
Co. *company* Gesellschaft; in USA und Irland auch *county* Kreis
cr., Cr. *creditor* Gläubiger; *crown* Krone (5 Schilling)
ct(s). *cent(s)* Cent(s)
cwt. *hundredweight* Zentner
D.A. *deposit account* Depositenkonto
D/A *documents against acceptance* Dokumente gegen Akzept
d/d *days after date* Tage nach Dato
div. *dividend* Dividende
doz. *dozen* Dutzend
D/P *documents against payment* Dokumente gegen Zahlung
d/s *days after sight* Tage nach Sicht
E.&O.E. *errors and omissions excepted* Irrtümer und Auslassungen vorbehalten
e.g. (< lat. *exempli gratia*) *for example* zum Beispiel
etc. (< lat. *et cetera*) usw.
ft.(1′) *foot, feet* Fuß
gn(s). *guinea(s)* 21 Schilling
G.P.O. *General Post Office* Hauptpostamt in London
H.M.S. *His (Her) Majesty's Ship (Steamer)* Seiner (Ihrer) Majestät Schiff (Dampfer)
H.P. *horse power* PS, Pferdestärke(n)
i.e. (< lat. *id est*) *that is* das heißt
in.(1″) *inch(es)* Zoll
inc. *incorporated* eingetragen; *including* einschließlich
Inc. (AE) *incorporated with limited liability* GmbH, AG
kg. *kilogram* Kilogramm
£ (< lat. *libra*) *pound(s)* Pfund Sterling
lb(s). (< lat. *libra*) *pound(s)* Pfund (Gewicht)
L/C *letter of credit* Kreditbrief, Akkreditiv
Ltd. (BE) *with limited liability* GmbH, AG
m/d (s) *months after date (after sight)* Monate nach Dato (nach Sicht)
m.o., M.O. *money order* Postanweisung
mos. *months* Monate
Mr., Mr *mister* Herr
MS, M.S. *motorship* Motorschiff
No(s), no(s) *number(s)* Nummer(n)
o/, O/o *to the order of* an die Order von

oz(s).	*ounce(s)* Unze(n)
p	*penny, pence*
p.a.	(< lat. *per annum*) jährlich
pc(s).	*piece(s)* Stück
p.h.	*per hour* pro Stunde
p.p., per pro.	*per procuration* per Prokura
p.m.	(< lat. *post meridiem*) nachmittags
p.t.o.	*please turn over* bitte wenden
Pty.	*Proprietary*; in Namen privater GmbHs in Australasien und Südafrika
q.v.	(< lat. *quod vide*) diesbezüglich siehe
recd.	*received* erhalten
regd.	*registered* eingeschrieben
R.P.	*reply paid* Antwort bezahlt
r.p.m.	*revolutions per minute* Umdreh. pro Minute
$	*dollar* Dollar
S/A	*statement of account* Rechnungsauszug
sgd.	*signed* gez., gezeichnet
sq.	*square* Quadrat
SS, S.S.	*steamship* Dampfer
ster.	Sterling (dem englischen Münzfuß entsprechend)
T.T.	*telegraphic transfer* telegraphische Überweisung
U.A.R.	*United Arab Republic* VAR, Vereinigte Arabische Republik
U.K.	*United Kingdom* Großbritannien und Nordirland
U.S.A.	*United States of America* Vereinigte Staaten von Amerika
v.	(< lat. *vide*) siehe
viz.	(< lat. *videlicet*) nämlich
WB, w/b	(AE) *waybill* Frachtbegleitpapiere
wt.	*weight* Gewicht
y.	*yard* Yard; *year* Jahr
yd.	*yard* Yard

Besondere in diesem Buch verwendete Abkürzungen

a.	auch
AE	amerikanisches Englisch
Am.	in Amerika
Anm.	Anmerkung *(vergleiche Seite 133 ff.)*
BE	britisches Englisch
Brit.	in Großbritannien
e-e	eine
e-m	einem
e-n	einen
engl.	englisch
e-r	einer
e-s	eines
et.	etwas
ital.	italienisch
j.	jemand
j-m	jemandem
j-s	jemandes
od.	oder
o.s.	oneself
pl.	Plural
p ('s).	person('s)
s.	siehe
S.	Seite
s-e	seine
sg.	Singular
s-m	seinem
s-n	seinen
span.	spanisch
s-r	seiner
s-s	seines
th.	thing
u.	und
usw.	und so weiter

1. Bitte um Übersendung von Preislisten und Mustern

Krefeld, 31st July, 19..

Gerald Fuller & Co. Ltd.,
Textile Manufacturers,
53, York Road,
Bradford,
England.

Dear Sirs,

Price-Lists and Patterns

We have obtained your name and address from the Huddersfield firm of Fowler & Co. Ltd., with whom we have done considerable business for some time. They have recommended you as being the firm most likely to be able to supply our needs in sateens, cotton prints, cambrics, and zephyrs.

We should be grateful for your most recent price-lists and patterns for all the above fabrics, although our most pressing need at the moment is for cotton prints for marketing in West Africa.

Our demand for these fabrics is quite considerable as we have an extensive trade in retail garments, and we feel sure that we could place large orders with you if your patterns and prices are suitable.

For information about us, we refer you to Fowler & Co. Ltd.,

textile manufacturer *Textilfabrikant, -hersteller*
price-list *Preisliste*
pattern *Muster (Anm. 1)*
obtain *erhalten*
firm *Firma*
whom (*Anm. 2*)
do business with a p. *mit j-m in Geschäftsverbindung stehen*
considerable *beträchtlich*
recommend *empfehlen*
the firm most likely to be able *die Firma, die am ehesten in der Lage ist*
supply a p's. needs in *j-s Bedarf an ... decken*
sateen *Satin*
cotton print *bedruckter Baumwollstoff*
cambric *Batist*
zephyr *Zephir*
recent *neu (erschienen)*
fabric *Stoff, Gewebe*
our most pressing need is for *am dringendsten brauchen wir*
market *verkaufen, absetzen*
extensive *ausgedehnt, umfangreich*
demand *Bedarf, Nachfrage*
retail *Einzelhandel(s-)*
garment *Kleidungsstück*
place an order with *e-e Bestellung aufgeben bei, (j-m) e-n Auftrag erteilen*
be suitable *angemessen sein, (j-m) zusagen*
information *Auskunft, Auskünfte (Anm. 3)*
refer a p. to *j. verweisen an*

but we should like to state now that, in the event of our placing orders with you, the transaction would be on a cash basis by irrevocable letter of credit, so please quote cash prices in your reply.

Yours faithfully,
H. Günther & Sohn

state *bemerken, feststellen*
in the event of *im Fall (daß)*
transaction *Geschäft, Abschluß*
cash *Barzahlung*
irrevocable letter of credit *unwiderrufliches Akkreditiv (Anm. 4)*
quote *(Preis) angeben, -setzen*
reply *Antwort*

2. Übersendung eines Katalogs

Nürnberg, 31st May, 19..

George Loader, Esq.,
'Toyland',
195, West George St.,
Southampton,
England.

Dear Sir,

Mr. John Morley of Southampton was kind enough to give me your name and to suggest that I sent you my latest catalogue of toys.

I, personally, have done business with Mr. Morley for many years but he is only one among many of my customers in the U.K. as the export side of my business is its most important aspect. My firm was founded by my great-grandfather in 1873 and I believe that we have maintained the high reputation that he achieved.

I think you will find my prices quite low and I am prepared to give wholesalers a rebate of 25% on the list prices and an additional 2% discount on cash payments.

'Toyland' *„Spielzeugland" (Firmenname)*
kind enough *so freundlich*
suggest *vorschlagen, anregen*
latest *(Anm. 5)*
catalogue of toys *Spielwarenkatalog*
customer(s) *Kunde(n, Kundschaft)*
the export side of my business is its most important aspect *der wichtigste Zweig meines Unternehmens ist das Exportgeschäft*
found *gründen*
maintain *aufrechterhalten*
reputation *Ruf*
achieve *erwerben*
quite low *recht niedrig*
be prepared *bereit sein*
wholesaler *Großhändler*
rebate *(Anm. 6)*
list price *Listenpreis*
additional *zusätzlich, weiter*
discount *(Anm. 6)*
on cash payment *bei Barzahlung, bei sofortiger Kasse*

---

place an order with a p. *e-e Bestellung bei j-m aufgeben, j-m einen Auftrag erteilen*
draw a p's. attention to *j-s Aufmerksamkeit lenken auf*

I hope you will find something to interest you in my catalogue and that you will place an order with me. I should like to draw your attention to my latest novelties in the toy car line, particularly items nos. 100 to 110, which include accurate scale models of fire-engines, petrol tankers, double-decker buses, cars with trailers, complete service and filling-stations, searchlight-carrying lorries, breakdown lorries and lorries with loads. Our range of veteran cars includes very early limousines, cabriolets, racing and sports cars. Many of these models have electric headlights and doors which open and shut.

Yours faithfully,
Friedrich Schulze

Enc.

novelty Neuheit
in the toy car line *auf dem Gebiet der Spielzeugautos*
item *Stück, (Rechnungs-) Posten, Artikel*
include *einschließen, enthalten, umfassen*
accurate scale model *maßstabgerechtes Modell*
fire-engine *Feuerlöschwagen, Feuerwehr (auto)*
petrol tanker *Tankwagen*
double-decker bus *Doppeldeckerbus*
trailer *Anhänger*
service station *(Groß-) Tankstelle (mit Reparaturwerkstatt)*
filling-station *Tankstelle*
searchlight-carrying lorry *Lastwagen mit (Such-) Scheinwerfer*
breakdown lorry *Abschleppwagen*
load *Ladung*
range *Kollektion, Sortiment*
veteran car *„Veteran", „Oldtimer"*
racing-car *Rennwagen*
headlight *Scheinwerfer*

3. Angebot in Thermosflaschen

Berlin, 22nd March, 19..

William Hardy Bros. Ltd.,
152, Nile St.,
Glasgow, 10
Scotland.

Dear Sirs,

Offer of Vacuum Flasks

We have learnt that you are in the market for a large purchase of vacuum flasks and we are writing to let you know what we have to offer in this line.

1 pint vacuum flasks, aluminium cups, assorted colours,

offer *Angebot; anbieten*
vacuum flask *Thermosflasche*
learn *erfahren*
be in the market for *Bedarf haben an*
purchase *Einkauf*
let a p. know *j-m mitteilen*
in this line *auf diesem Gebiet*
pint *Pinte (Brit. 0,57 l, Am. 0,47 l)*
cup *hier: (Trink)Becher*
assorted *sortiert*

corrugated body; packed 250 flasks to a case

quantity:
5,000 pcs at DM 475,– per 1,000
10,000 pcs at DM 450,– per 1,000

1 pint vacuum flasks, plastic cups, assorted colours, smooth body; packed 250 flasks to a case

quantity:
5,000 pcs at DM 495,– per 1,000
10,000 pcs at DM 470,– per 1,000

Our London agent has told us that certain firms have been offering similar flasks at a lower price range, but we feel sure that you appreciate that these offers are 'once only' offers as prices substantially lower than those we quote are not economically feasible. We are convinced that our prices will not change appreciably within the next few years.

Please note that our prices are net cash and include our commission and charges and are free warehouse Glasgow and free duty. If you convert the DM price of the first item above into sterling at the rate of DM ... to the £, the sterling price would only be ... a dozen.

We hope you will find our offer attractive and we look forward to hearing from you.

Yours faithfully,
Wilhelm Schulze Söhne

corrugated body *gerippter Mantel*
packed 250 flasks to a case *abgepackt in Kisten zu je 250 Flaschen*
per 1,000 *pro 1000 (Stück)*
smooth *glatt*
agent *Vertreter*
firm *Firma*
similar *ähnlich*
at a lower price range *zu e-r niedrigeren Preisspanne*
feel sure *sicher sein*
appreciate *(an)erkennen, verstehen, einsehen*
'once only' *einmalig*
substantial *wesentlich*
quote *(Preis) angeben, -setzen*
economically *wirtschaftlich (Anm. 8)*
feasible *möglich, durchführbar*
be convinced *überzeugt sein*
change *(sich ver)ändern*
appreciable *nennenswert*
the next few years *(Anm. 9)*
note *beachten, zur Kenntnis nehmen*
net cash *netto Kasse, bar ohne Abzug*
include *einschließen*
commission *Provision (Anm. 10)*
charges *Kosten, Gebühren*
free warehouse *frei Lager (-haus)*
free duty *zollfrei*
convert into *umrechnen in*
item *Posten, Artikel*
above *oben (angegeben)*
sterling *engl. Pfund* (£)
at the rate of *zum Kurs von*
... a dozen ... *das Dutzend*
attractive *ansprechend*
look forward to hearing from a p. *j-s Antwort entgegensehen*

4. *Angebot in Teppichen*

Aachen, 23rd April, 19..

J. Brewster & Co. Ltd.,
15, Davies St.,
Chester,
England.

Dear Sirs,

Your Enquiry of 21st April, 19..

Thank you for the above-mentioned enquiry and we are pleased to be able to offer you, firm for immediate delivery, a selection of first quality carpets.

The enclosed catalogue will show you that our carpets, which are exclusive to us, are made in a wide range of contemporary pastel shades and are as suitable for wall-to-wall carpeting as for carpets showing a surround. The deep piles, special backing and soft colourings produce an exceptionally rich effect for prices which compare favourably with those of our competitors.

In addition to wall-to-wall carpeting, we have a very large range of sizes in cut carpets. We can supply such carpets for all normal room sizes from stock and special floor sizes can be made to order within a very short time.

The following are some typical examples of our range:

8′6″ × 6′	in light tan	£10.63
10′ × 8′	in soft pink	£12.25
12′ × 10′	in emerald green	£15.00

enquiry *Anfrage (Anm. 12)*
above-mentioned *obenerwähnt*
be pleased *sich freuen*
offer *anbieten*
firm *fest (Anm. 13)*
for immediate delivery *zur sofortigen Auslieferung*
selection *Auswahl*
first quality carpets *Teppiche bester Qualität*
enclose *beifügen (Anm. 12)*
exclusive to us *nur bei uns (zu beziehen)*
range *Kollektion, Sortiment*
contemporary *modern, aktuell, zeitgemäß*
pastel shades *Pastelltöne*
suitable for wall-to-wall carpeting *als Auslegware geeignet*
carpets showing a surround *(Fertig)Teppiche (die e-n Teil des Fußbodens freilassen)*
deep piles *pl. hoher Flor*
backing *Rücken (Beschichtung)*
soft colourings *gedämpfte Farbtöne od. Farbgebung*
produce *hervorbringen, erzielen*
exceptional *außergewöhnlich*
rich *prächtig*
effect *Wirkung*
compare favourably with *bei e-m Vergleich mit ... günstig abschneiden*
competitor(s) *Konkurrent (en, Konkurrenz)*
in addition to *außer*
large range of sizes in cut carpets *reiches Sortiment an Teppichen aller Größen*
supply *liefern*
size *Maß, Größe*
from stock *vom Lager*
make to order *nach Maß anfertigen*
light tan *hellbraun*
soft pink *zartrosa, rosé*
emerald green *smaragdgrün*

We hope to receive an order from you soon.

Yours faithfully,
Gebrüder Witte

Enc.: catalogue.

receive *erhalten*
order *Bestellung, Auftrag*

5. Exportofferte

Braunschweig, 17th January, 19..

Mr. Kazim Kedeli,
Opticians,
Teheran,
Iran.

Dear Sir,

Your Enquiry of 6th January, 19..

Thank you for your enquiry about the prices of our prismatic binoculars, magnifying-glasses and compasses; we are enclosing our current illustrated catalogue and our present export price-list. We feel sure that both will convince you of the variety of our products, their excellence, careful finish, and low prices. We should, however, like to draw your attention to the necessity of obtaining German export authorisation for all our articles before they can be sent to your country.

Terms of Payment: net cash against documents delivered through the Irano-German Clearing Office; packing free; transport and other charges to be borne by the purchaser.

Carriage: our goods are neither heavy nor bulky and

optician *(Beruf)*, opticians *(Firmenbezeichnung) Optiker*
enquiry *Anfrage (Anm.12)*
prismatic binoculars *Prismenfernglas, -gläser*
magnifying-glass *Lupe*
enclose *beifügen (Anm. 12)*
current *gegenwärtig, augenblicklich*
illustrated *Bild-*
present *gegenwärtig, z. Zt. gültig*
convince *überzeugen*
variety *Vielfalt, Auswahl*
excellence *hohe Qualität*
finish *Verarbeitung*
draw a p's. attention to *j-s Aufmerksamkeit lenken auf*
necessity of obtaining *Notwendigkeit einzuholen, zu erwerben*
export authorisation *Ausfuhrgenehmigung*
to your country *dorthin, nach dort*
terms of payment *Zahlungsbedingungen*
net cash *netto Kasse, bar ohne Abzug*
against documents *gegen Dokumente (Anm. 32)*
delivered through *ausgehändigt durch*
Irano-German *iranisch-deutsch*
clearing office *(Anm. 16)*
packing *Verpackung*
free *frei, kostenlos*
transport and other charges to be borne by the purchaser *Transport- u. andere Kosten zu Lasten des Käufers*
carriage *Transport*
goods *pl. Ware(n), Güter*
bulky *sperrig*

small quantities can be advantageously sent by air from Frankfurt to Bagdad; from there, they can be transported by lorry to Teheran by Smith & Co. Ltd., forwarding agents who normally handle our goods.

We hope that you find something to interest you in our catalogue, and that our terms meet with your approval. We look forward to hearing from you.

Yours faithfully,
Greiner & Co.

Enc.

advantageous *vorteilhaft, günstig*
by air *auf dem Luftweg*
lorry *Lastkraftwagen, Lkw*
forwarding agent *Spediteur*
handle a p's. goods *j-s Waren befördern*

terms *(Zahlungs-, Liefer-) Bedingungen*
meet with your approval *Ihre Zustimmung finden*
look forward to hearing from a p. *j-s Antwort entgegensehen*

6. Anerkennungsschreiben eines zufriedenen Kunden

Düsseldorf, 1st October, 19..

The Catering Manufacturers Co. Ltd.,
12, Piccadilly Circus,
London, W. 1, England.

Dear Sirs,

Confectioner's Oven

It gives me great pleasure to be able to express my complete satisfaction with the 3 tube confectioner's oven supplied by you on 15th May, 19..

I have found the oven extremely efficient, it bakes uniformly and its gas consumption is very economical; the design of the oven makes operation easy.

If you wish to use this letter as a testimonial to your product you may certainly do so.

Yours faithfully,
Karl Wellheim,
Konditorei Wellheim

catering manufacturers *Hersteller von Bedarfsartikeln für das Lebensmittelgewerbe*

confectioner's oven *Konditor-Ofen*
it gives me great pleasure *es ist mir ein großes Vergnügen*
express *ausdrücken*
complete *völlig*
satisfaction *Zufriedenheit*
3 tube *dreiröhrig, Dreiröhren-*
supply *liefern*
extremely *überaus*
efficient *leistungsfähig*
uniform *gleichmäßig*
consumption *Verbrauch*
economical *sparsam (Anm. 8)*
design *Konstruktion, Bauart*
operation *Bedienung*
testimonial to *Empfehlung(sschreiben), Zeugnis für*
certainly *natürlich, gern*

7. Probeauftrag auf Spitzen

Berlin, 20th March, 19..

Reynolds, Clarke & Co., Ltd.,
199, Stoney St.,
Nottingham,
England.

Dear Sirs,

Orders for Lace

Thank you for your offer of 16th March, and for the pattern collection that you sent us under separate cover as "samples without commercial value" in reply to our recent advertisement in the London 'Times'.

We have examined the samples of your latest patterns in Valenciennes, Calais Valenciennes, Torchon, Maltese Torchon, and various qualities of Thick-Thread Laces.

We are enclosing 2 trial orders: No. 256 for immediate delivery and No. 257 for shipment on 1st June. Please let us have confirmation of these.

One of your competitors has quoted us a discount of 10% for payment within 30 days and an additional 2 1/2% discount for payment within 7 days of invoice date. We assume that you are willing to do business on the same terms, and these orders are conditional on your agreeing to them.

We have just received an enquiry from a good customer for a substantial quantity of Calais Valenciennes and we shall be pleased to have a small but comprehensive selection from the

order *Auftrag, Bestellung*
lace *Spitze*
offer *Angebot; anbieten*
pattern collection *Musterkollektion (Anm. 1)*
under separate cover *mit gleicher Post (gesondert)*
in reply to *als Antwort auf, in Erwiderung (Genitiv)*
recent *kürzlich (erschienen)*
advertisement *Anzeige*
sample *Muster (Anm. 1)*
latest *(Anm. 5)*
Valenciennes usw. *(Spitzenarten)*
various *verschiedene*
thick-thread *dickfadig, grob*
enclose *beifügen (Anm. 12)*
trial order *Probeauftrag*
for immediate delivery *zur sofortigen Lieferung*
shipment *Versand*
let a p. have *j-m schicken, geben*
confirmation *Bestätigung (Anm. 18)*
competitor *Konkurrent*
quote *angeben, berechnen*
discount *(Anm. 6)*
payment *(Be)Zahlung*
additional *zusätzlich, weiter*
invoice date *Rechnungsdatum*
assume *annehmen*
be willing *bereit sein*
do business *Geschäft(e) abwickeln, in Geschäftsverbindung stehen*
on the same terms *zu den gleichen Bedingungen*
these orders are conditional on *diese Aufträge sind davon abhängig, daß*
agree to *zustimmen, einverstanden sein mit*
receive *erhalten*
enquiry *Anfrage (Anm.12)*
customer *Kunde*
substantial *erheblich*
we shall be pleased to have *wir würden uns freuen über*
comprehensive *umfassend*
selection *Auswahl*

range you have to offer in this type of lace.

As references we quote the following firms with which we have done business for many years and who have offered to act as referees:

Brown, Green & Co. Ltd.,
45, Maiden Lane,
Manchester, 16.

Black, White & Co. Ltd.,
Lion Buildings,
Huddersfield.

In the event of our being satisfied with the trial orders, we hope to be able to place regular orders with you in the future.

Yours faithfully,
Charlottenburger Kaufhaus

Enc.

range *Kollektion, Sortiment*
reference *Referenz, Empfehlung*
which *(Anm. 2)*
act as referee *Auskunft erteilen*
in the event of *falls*
be satisfied *zufrieden sein*
place regular orders with a p. *j-m regelmäßig Aufträge erteilen*

8. Auftragsänderung und Anfrage wegen Sonderherstellung

Berlin, 2nd April, 19..

Reynolds, Clarke & Co. Ltd.,
199, Stoney St.,
Nottingham,
England.

Dear Sirs,

Our Order No. 257 of 20. 3. 19..

Thank you for your letter of 25th March. We are prepared to accept 25/5239 as a substitute for the number which is not available. Our customer has seen the sample of 25/5239 that you sent and stated that he preferred it to his original choice, and has increased his order to 150 cou-

order *Auftrag, Bestellung; bestellen*
be prepared *bereit sein*
accept *annehmen, akzeptieren*
substitute *Ersatz; ersetzen*
available *vorhanden, vorrätig*
customer *Kunde*
sample *Muster (Anm. 1)*
state *erklären*
prefer a th. to one's original choice *et. dem ursprünglich Gewählten vorziehen*
increase to *erhöhen auf*

pons (460 cm × 90 cm). Please amend our Order No. 257 accordingly.

This customer is very important in the trade and has asked if it would be possible to make for, and reserve for him alone, a set of Valenciennes designed in this pattern or, if possible, something even better. What is the minimum quantity you would require to be ordered and how long would it take to be delivered?

We note your comments about terms and we appreciate your point of view and agree to your conditions. Competition is, however, very keen at our end, and we trust that you will help us all you can with prices, discounts, deliveries, etc. in the future.

We reciprocate your hopes regarding our future business relations and we assure you that once we are satisfied with a supplier we do not change him except for very good reasons.

Yours faithfully,
Charlottenburger Kaufhaus

P.S. Please send us by return samples of 15/20 cm flounce Valenciennes lace; we have just received an order for a considerable quantity from a customer whom we are rather anxious to oblige.

coupon *Coupon, (Stoff-) Abschnitt (im Seidenhandel: 460 od. 920 od. 1380 cm × 90 cm; in U.S.A. 40 m × 90 cm)*
amend *berichtigen, abändern*
accordingly *(dem)entsprechend*
make *herstellen*
set *Kollektion*
Valenciennes *(Spitzenart)*
design *entwerfen*
pattern *Muster, Dessin*
minimum *Mindest-*
require *verlangen, fordern*
take *dauern*
deliver *(aus)liefern*
note *zur Kenntnis nehmen*
comment *Bemerkung*
terms *(Zahlungs)Bedingungen*
appreciate *anerkennen*
point of view *Standpunkt*
agree to *einverstanden sein mit*
condition *Bedingung*
competition *Wettbewerb, Konkurrenz*
keen *scharf*
at our end *hier*
trust *darauf vertrauen, hoffen*
help a p. all one can *j. nach besten Kräften unterstützen*
discount *(Anm. 6)*
reciprocate *erwidern*
regarding *bezüglich*
business relations *pl. Geschäftsverbindung(en)*
assure *versichern*
once we are satisfied *wenn wir einmal zufrieden sind*
supplier *Lieferant*
change *wechseln*
for good reasons *aus gutem Grund, wohlbegründet*
by return (of post) *postwendend, umgehend*
flounce *Besatz(-)*
lace *Spitze*
receive *erhalten*
considerable *beträchtlich*
anxious *bemüht*
oblige *(j-m) gefällig sein, entgegenkommen*

9. Beantwortung einer Bitte um Exportofferte

Köln, 9th September, 19..

H. & W. Collins & Co., Pty.,
23, Union Hill,
Port Elizabeth,
Republic of South Africa.

Dear Sirs,

Your Enquiry of 20th August, 19..

Thank you for your enquiry about "novelties" of 20th August, 19.., in which you asked us for price quotations for our latest lines.

We regret to have to say that we feel it would be bad policy on our part to offer you such articles; as you are already aware, the market for such products is always risky and the wholesaler frequently finds himself in the position of having bought at an inflated price and then, because of an abrupt change in demand, having to sell at a loss. We cite as an example the steel tape-measures which were selling as recently as two years ago for DM 5,- but which were offered at a 10% rebate at about the same time as the first consignments reached the importers. Within six months, the retail price had fallen by 25%.

The cause of this financially ruinous practice is the over-eagerness of certain manufacturers who, through miscalculation of the market's capacity, install extra machinery, and as a result of over-production suddenly discover that their supply far ex-

enquiry *Anfrage (Anm. 12)*
novelty *Neuheit*
quotation *(Preis)Angabe*
latest *(Anm. 5)*
line *Artikel(serie)*
regret *bedauern*
policy *Verfahrensweise, Taktik*
on our part *unsererseits*
offer *anbieten; Angebot*
be aware *sich bewußt sein, wissen*
market for *Absatz von*
risky *riskant*
wholesaler *Großhändler*
frequent *häufig*
inflated *überhöht*
change *Veränderung*
demand *Nachfrage*
sell at a loss *mit Verlust verkaufen*
cite as an example *als Beispiel anführen*
steel tape-measure *Stahlbandmaß*
sell *(Anm. 20)*
as recently as ... ago *vor nicht mehr als*
rebate *(Anm. 6)*
at about *ungefähr um*
consignment *(Waren-)Sendung (Anm. 9)*
retail *Einzelhandel(s-)*
fall by 25% *um 25% fallen*
cause *Ursache, Grund*
ruinous *ruinös, verderblich*
practice *Praxis, Handlungsweise*
over-eagerness *Übereifer*
manufacturer *Fabrikant*
miscalculation *Fehlkalkulation, -einschätzung*
capacity *Aufnahmefähigkeit*
install *aufstellen, einbauen*
extra *zusätzlich*
machinery *Maschinen*
as a result of *als Ergebnis von, infolge von*
discover *erkennen, einsehen*
supply *Lager, Vorrat; Angebot*

exceed *übersteigen*
current *gegenwärtig, augenblicklich*
be compelled *gezwungen sein*
reduce *herabsetzen*
obtain *erhalten, bekommen*

ceeds the current demand. So they are compelled to reduce prices to obtain orders and they do this without a thought for old customers. We feel that such practices are out of keeping with the tradition of our firm.

Bearing in mind that your main business is in household articles, we strongly recommend our regular lines in hardware, enamel ware, glass and gardening implements to you, and if our suggestion appeals to you, we should be very pleased to make suitable offers.

We hope to hear from you in the near future with your comments on our proposal.

Yours faithfully,
Tönnies & Schwarz

without a thought for *ohne an ... zu denken*
customer *Kunde*
be out of keeping with *unvereinbar sein mit*
bearing in mind that *angesichts der Tatsache, daß*
main business *Hauptgeschäft*
household *Haushalt(s-)*
recommend strongly *sehr empfehlen*
regular *laufend*
line *Sortiment*
hardware *Metallwaren*
enamel *Emaille(-)*
glass *Glaswaren*
gardening implements *Gartengeräte*
suggestion *Vorschlag, Angebot*
appeal *zusagen, gefallen*
we should be pleased to *wir würden gern*
suitable *geeignet*
in the near future *recht bald*
comment(s) on *Stellungnahme zu*
proposal *Vorschlag*

10. Exportofferte für Gips

Hamburg, January 31, 19..

The Manager
The Cooperative Wholesale Society Ltd.
P.O. Box 109
Kingston, Jamaica
W. Indies.

Dear Sir:

<u>Quotation for Plaster</u>

We are writing to confirm our letter of January 15 and to thank you for yours of December 28, 19.. We assure you that we have your various enquiries in hand and our offers will reach you soon.

manager *Geschäftsführer*
cooperative wholesale society *Großhandelsgenossenschaft*

quotation *(Preis)Angabe*
plaster *Gips*
confirm *bestätigen (Anm. 18)*
assure *versichern*
various *verschieden*
enquiry *Anfrage (Anm.12)*
have in hand *in Händen haben, erhalten haben*
offer *Angebot*

---

meet with a favorable (*AE*) reception *günstig aufgenommen werden, zusagen*
first quality *(von) beste(r) Qualität*

We can make you the following offer today to your enquiry for plaster and we hope it will meet with a favorable reception:
Plaster, first quality, in casks of 150 kilos gross for net U.S. $30.00 per 1,000 kilos, f.o.b. Hamburg; minimum quantity: 10,000 kilos; payment: 30 d/s draft against documents; delivery from factory 14 days after receipt of order.
We hope to receive your order based on the above offer and remain,

yours faithfully,
Friedrich Lehmann & Co.

cask *Faß*
gross for net *brutto für netto (Verpackung wird als Ware gerechnet)*
per *pro*
f.o.b. Hamburg *fob Hamburg (Anm. 22)*
minimum *Mindest-*
payment *Zahlung*
30 d/s draft = 30 days' sight draft *30-Tage-Sicht-Tratte (Anm. 39)*
against documents *gegen Dokumente (Anm. 32)*
delivery from factory *Lieferung ab Werk*
receipt of order *Auftragseingang*
receive *erhalten*
order *Auftrag*
based on *auf der Grundlage (von)*
above *obig*
remain *verbleiben*

11. Rückfrage des Verkäufers vor Angebotsabgabe

Frankfurt a.M., 16th April, 19..

Sig. Paolo Barbiere,
Via Veneto, 112,
Rome,
Italy.

Dear Sir,

Emery & Carborundum Grindstones

Thank you for your letter of 14th April and for your price enquiry for our emery and carborundum grindstones.

We are enclosing a brief prospectus which will indicate to you the very extensive range of models that we manufacture as well as their different components and the various kinds of agglutination that we use in their production.

As each kind of grindstone is designed for a specific task,

Sig. = signore *(ital.) Herr*

emery *Schmirgel*
carborundum *Karborundum (Schleifmittel)*
grindstone *Schleifstein*
enquiry *Anfrage (Anm. 12)*
enclose *beifügen (Anm. 12)*
brief *kurz*
prospectus *Prospekt*
indicate *angeben, zeigen*
extensive *umfangreich*
range *Kollektion, Sortiment*
manufacture *herstellen*
as well as *wie auch*
different *verschieden*
component *(Bestand)Teil*
various *verschieden*
kind of agglutination *Art der Bindung, Bindemittel*
design *bestimmen, vorsehen*
specific *spezifisch, besonder*
task *Aufgabe, (hier:) Arbeitsvorgang*

we think it would be best if you were to let us know, as soon as convenient to you, the metals upon which you intend to work and also if you are interested in manual grinding-tools or machine-operated grinders; if you are concerned with the latter, please inform us of the rotation speed of the grinding-machine used.

When we receive this information from you, we shall be in a better position to make you a detailed offer of grindstones the hardness of which corresponds to the type and method of operation you desire.

Yours faithfully,
Schellenberg & Co.

Enc.

if you were to let us know *wenn Sie uns wissen ließen*
as soon as convenient to you *sobald es Ihnen zeitlich paßt*
intend *beabsichtigen*
manual *Hand-*
grinding-tool *Schleifwerkzeug*
machine-operated grinder *Schleifmaschine*
be concerned with *zu tun haben mit, sich befassen mit*
latter *letztere(r, -s)*
inform a p. of *j. unterrichten von*
rotation speed *Drehzahl*
receive *erhalten*
information *Information(en) (Anm. 3)*
be in a better position to *besser in der Lage sein zu*
detailed *ausführlich*
offer *Angebot*
hardness *Härte*
correspond to *entsprechen*
type and method of operation *Verfahren, Arbeitsweise*
desire *wünschen*

12. Geschäftsangebot eines Einkäufers

Hamburg, 3rd June, 19..

Shaw, Donald & Co. Ltd.,
123, McLeod Road,
Karachi,
Pakistan.

Dear Sirs,

We have been informed by Messrs. Albert Tischler & Co. of Berlin that your firm is one of the leading importers for textiles (sundries). Our organization is a large one and we are therefore in a position to buy the kind of articles in which you deal at advantageous prices; are you interested in our services as buying agents?

sundries *verschiedenste Arten*
kind *Art*
deal in *handeln mit*
advantageous *vorteilhaft*
service *Dienst*
buying agent *Einkäufer, Einkaufskommissionär*

terms *Bedingungen*
transaction *Geschäft*
conditions of payment *Zahlungsbedingungen*
60 d/s D/P = sixty days' sight, documents (to be surrendered) against, for *od.* on payment *60 Tage Sicht, Dokumente gegen Zahlung (auszuliefern) (Anm. 32 u. 39)*
suggest *vorschlagen, empfehlen, meinen*
convenient *geeignet*
to start with *für den Anfang*

Our business terms are those usual in this kind of transaction and our conditions of payment are normally 30 or 60 d/s D/P. We suggest that these terms are convenient to start with, but we should welcome your own suggestions if your business with us should be on a large scale.

So far we have never had any complaints against the goods we have supplied, but it is reasonable to guard against such eventualities and so we suggest that should such occur, we should both agree, failing an amicable settlement, to submit the dispute to the arbitration of your Chamber of Commerce, or to nominated members of that Chamber, or to an umpire chosen by that Chamber; provided all relevant documents are presented at the hearings, the decision of the arbitrators is to be binding on both parties.

We shall be very pleased if you avail yourself of our offer at an early opportunity, and we are ready to answer all your enquiries promptly; if you care to place an order with us immediately, we undertake to execute it only when we can guarantee that the goods to be supplied meet with your exact requirements, subject to the quality differences usually permitted in the trade.

For references respecting our firm, please apply to the Norddeutsche Bank Hamburg.

Yours faithfully,
Mehnert & Sturm

if business should be on a large scale *sollte es sich um umfangreichere Geschäfte handeln*
complaint *Klage, Reklamation (Anm. 30)*
goods *pl. Ware(n)*
supply *liefern*
reasonable *vernünftig, angebracht*
guard *(sich) schützen, vorbeugen*
eventuality *Möglichkeit*
occur *ein-, auftreten*
agree *übereinkommen*
failing an amicable settlement *falls e-e freundschaftliche Beilegung nicht möglich sein sollte*
submit *unterbreiten*
dispute *Streitfall*
arbitration *Arbitrage, Schiedsgericht*
Chamber of Commerce *Handelskammer*
nominate *ernennen*
umpire *Schiedsrichter*
chosen *gewählt*
provided *vorausgesetzt*
relevant *einschlägig, sachdienlich*
present *vorlegen*
hearing *Verhandlung*
decision *Entscheidung*
arbitrator *Schiedsrichter*
is to be binding on *soll verbindlich sein für*
be pleased *sich freuen*
avail o.s. of *Gebrauch machen von*
yourself *(Anm. 23)*
offer *Angebot*
at an early opportunity *(Anm. 24)* [12]
enquiry *Anfrage (Anm.*
if you care to ... *wenn Ihnen daran gelegen ist*
place an order with *(j-m) e-n Auftrag erteilen*
immediate *umgehend*
undertake to execute *sich verpflichten auszuführen*
meet with exact requirements *Anforderungen genau entsprechen*
subject to *vorbehaltlich*
differences *Abweichungen*
usually permitted in the trade *handelsüblich*
reference *Referenz*
respecting *betreffend*
apply to *sich wenden an*

13. Bestellung nach Besichtigung einer Messe

London, 4th October, 19..
Gebrüder Reimann & Co.,
Büroeinrichtungen und Büromaschinen,
Zähringer Allee 12,
1 Berlin 31, Germany.

Dear Sirs,

Hectograph, Model Z

I recently met and talked with your representative, Herr Metzler, at your stand at the Hannover Fair und I became interested in your hectograph, model Z, the advantages of which he carefully outlined to me.

As a result of that conversation, I am now ordering 10 (ten) of your hectographs, model Z, at DM 445,- each, free of carriage and packing according to the conditions stipulated in your prospectus.

I am enclosing my cheque for DM 4450,- on the Berliner Disconto Bank as payment in advance and in full for this order.

If the apparatus proves as satisfactory as I have been led to expect, I hope to be able to place a further and more considerable order in the near future, in which case I hope that you will see your way to quoting me a special price and offering me the usual payment facilities.

Please send me your acceptance of the order and your shipping advice.

Yours faithfully,
Edward Lewis.

Enc.: cheque.

hectograph *Hektograph, Vervielfältigungsapparat*
recently *kürzlich*
representative *Vertreter*
stand *(Ausstellungs-, Verkaufs)Stand*
fair *Messe, Ausstellung*
to become interested in *sich zu interessieren beginnen für*
advantage *Vorteil, -zug*
outline *darlegen*
as a result *auf Grund*
order *bestellen; Auftrag*
at ... each *zu je ...*
free of carriage and packing *porto- und verpakkungsfrei*
according to *gemäß*
condition *Bedingung*
stipulate *festlegen, -setzen*
prospectus *Prospekt*
enclose *beifügen (Anm. 12)*
cheque *Scheck*
payment *(Be)Zahlung*
in advance *im voraus*
in full *in voller Höhe*
apparatus *Apparat, Gerät*
prove satisfactory *sich als zufriedenstellend erweisen*
as ... as I have been led to expect *so ..., wie mir in Aussicht gestellt wurde*
place an order *e-n Auftrag erteilen*
further *weiter(er, -e, -es)*
considerable *beträchtlich*
in the near future *recht bald*
case *Fall*
see one's way to *e-e Möglichkeit finden für, versuchen*
quote *ansetzen, berechnen*
special price *Sonderpreis*
offer *einräumen*
payment facilities *Zahlungserleichterungen*
acceptance of order *Auftragsbestätigung*
shipping advice *Versandanzeige*

14. Kostenangebot für die Lieferung von Aggregaten zur Erstellung einer Generatorenkraftanlage

Berlin, 5th July, 19..

The Managing Director,
West African Mining Co. Ltd.,
P.O. Box 133,
Accra,
Ghana.

Dear Sir,

Thank you for your enquiry of 24th June, from which we learned your intention of converting your power installation from mechanically driven sources to electric plant.

We can make you the following tender for the plant you require:

3 Turbo-generators, total output 10,000 kW., complete with condensers, replacement spares; the generators having a potential of 6,600 volts, 3-phase, each phase being not less than 146 amps.p.h.
DM 1,780,000

1 Main switchboard fixed not more than 20 feet from the generators and consisting of 3 generator panels and 10 feeder panels, complete with all switchgear for effective control of the machines and mounted with all necessary instruments for registering output, current and voltage as stipulated in your enquiry
DM 140,600

managing director *Geschäftsleiter*
mining company *Bergwerksgesellschaft*

enquiry *Anfrage (Anm.12)*
learn *erfahren, ersehen*
intention *Absicht*
convert *umstellen*
power installation *Kraftanlage*
mechanically driven sources *mechanischer Antrieb*
(electric) plant *(elektrische) Anlage*
tender *(Anm. 13)*
require *brauchen, wünschen*
turbo-generator *Turbogenerator*
total *Gesamt-; Gesamtsumme*
output *Leistung*
kW. = kilowatt *Kilowatt*
condenser *Kondensator*
replacement spare *Ersatzteil*
potential *Spannung*
3-phase *3-Phasen-(Strom)*
not less than *mindestens*
amp. = ampere *Ampere*
main switchboard *Hauptschalttafel*
fix *befestigen, anbringen*
not more than *höchstens*
feet *(s. S. 142)*
consist of *bestehen aus*
generator panel *Generator(schalt)feld*
feeder panel *Einspeisungsfeld*
switchgear *Schaltungszubehör, Schaltausrüstung*
effective *wirksam*
control *Steuerung*
mounted with *versehen mit*
necessary *notwendig*
register *aufzeichnen*
current *Strom*
voltage *Spannung*
stipulate *festsetzen, ausbedingen*

6 Fifty (50) H.P.motors complete with starting equipment and fully automatic protection against overloading
DM 18,000

10 Seventy-five (75) H.P. motors, equipped as above
DM 43,500

15 Twenty-five (25) H.P. motors, equipped as above
DM 24,000

Total: DM 2,006,100

All equipment is to be capable of withstanding a 25% overload for 2 hours and a 50% overload for 30 minutes. The above tender is strictly net and does not include connecting cables and external wiring or the erection of the plant (we note that you say you can engage a local engineer to supervise the installation of the plant).

Delivery Date: whole plant delivered to your site by 30th September, 19..

We shall be pleased to assist you with any further details of the above-mentioned plant that you may require, and we hope to hear from you shortly.

Yours faithfully,

Deutsche
Elektrizitätswerke G.m.b.H.
p.p. Enderlein

starting equipment *Anlasser, Anlaßvorrichtung*
fully automatic protection *vollautomatischer Schutz*
overload(ing) *Überlast*
equip *ausrüsten*
as above *wie oben (angegeben)*
capable *geeignet, fähig*
withstand *aushalten, aufnehmen*
strictly net *rein netto*
include *einschließen*
connecting cable *Verbindungskabel*
external wiring *Freileitung(en)*
erection *Errichtung*
note *zur Kenntnis nehmen*
engage *verpflichten, anstellen*
local *am Ort, dort (hier) ansässig*
engineer *Ingenieur*
supervise *überwachen*
delivery date *Liefertermin*
deliver *liefern*
to your site *frei Baustelle*
be pleased to *gern (tun)*
assist *helfen*
detail *Einzelheit, Einzelfrage*
above-mentioned *obenerwähnt*
shortly *in Kürze*

15. Bestätigung eines freihändigen Einkaufsauftrages

Wien, August 18, 19..

Herbert Peabody & Co. Inc.
347 East 53 St.
New York, N.Y. 10022
U.S.A.

Gentlemen:

We confirm our cable of July 21, and inform you that we have just received your letter of August 1.

Thank you for your open order to the value of $1,000 and, in accordance with your wishes, we shall employ two-thirds of this sum for writing materials and one-third for toys. Shipment shall be arranged so that the goods reach you in ample time for the Christmas trade.

It has been our practice for many years to conduct all first transactions against cash and we therefore ask you to open an irrevocable credit in our favor for the sum of $1,000 at a New York, Hamburg or Vienna bank. Please do not misinterpret this as a lack of confidence on our part but only as a normal precaution as we have never done business with you before. We shall, of course, allow you a discount of 2%. To save time, we cabled you as in the copy enclosed. As you, no doubt, wish to put your order in hand without delay, we await your cabled acceptance of our terms.

To avoid the possibility of future misunderstandings, we repeat our terms: prices in US dol-

confirm *bestätigen (Anm. 18)*
cable *Telegramm; telegraphieren*
inform a p. *j-m mitteilen*
receive *erhalten*
open order *(Anm. 14)*
to the value of *im Wert von*
in accordance with *entsprechend*
employ *verwenden*
sum *Summe, Betrag*
writing materials *pl. Schreibmaterial(ien), -waren*
toys *pl. Spielwaren*
shipment *Versand*
arrange *festsetzen, einrichten*
goods *pl. Ware(n)*
in ample time *früh genug*
Christmas trade *Weihnachtsgeschäft*
practice *Gewohnheit, Verfahren(sweise)*
conduct *durchführen*
transaction *Geschäft, Abschluß*
against cash *gegen bar*
irrevocable credit *unwiderrufliches Akkreditiv (Anm. 4)*
in our favor *(AE) zu unseren Gunsten*
Vienna *Wien(er)*
misinterpret *mißverstehen, falsch auffassen*
lack *Mangel*
confidence *Vertrauen*
on our part *unsererseits*
precaution *Vorsichtsmaßregel*
do business with a p. *mit j-m in Geschäftsverbindung stehen*
allow *gewähren*
discount *(Anm. 6)*
save *sparen*
enclose *beifügen (Anm. 12)*
no doubt *zweifellos*
put in hand *in Bearbeitung geben*
delay *Verzögerung*
cabled acceptance *telegraphische Annahme(erklärung)*
terms *Bedingungen*
avoid *vermeiden*
possibility *Möglichkeit*
future *zukünftig*
misunderstanding *Mißverständnis*

---

c.i.f. *(Anm. 22)*
including *einschließlich*

lars, c.i.f. your port and including seaworthy cases; consular fees here and overseas duty payable by you; payment against our 120 d/s bill against documents or against documents in port of shipment less 2% discount for cash. When ordering please state which of these alternatives you prefer.

Yours truly,
Gebrüder Lachmann

Encl.

seaworthy *seefest*
case *Kiste*
consular fees *(Anm. 32i)*
overseas duty *Überseezoll*
payable *zahlbar*
payment *Zahlung*
120 d/s bill = 120 days' sight bill *120 Tage-Sichtwechsel (Anm. 39)*
against documents *gegen Dokumente (Anm. 32)*
port of shipment *Verschiffungshafen*
less *abzüglich*
order *bestellen*
state *erklären, angeben*
alternative *Möglichkeit*
prefer *vorziehen, bevorzugen*

16. Bestätigung eines Exportauftrages

Hamburg, 29th October, 19..

Bernardo Sangrador e Hijos,
275, Calle 25 de Mayo,
Buenos Aires,
Argentina.

Dear Sirs,

Tetracycline

Thank you for your order No. 696 of 21st October for 500,000 tablets Tetracycline at £6.50 per 1,000.

Because of recent heavy demands on our existing stocks, we cannot promise shipment before 16th November, 19.. but we undertake to effect shipment by S.S. Río Diamante on that date so that the delivery should take place within the first few days of December.

Under separate cover we are sending you a copy of the new Wittekind & Reimers Laboratory's loose-leaf price schedule. When new products are added to our list, you will receive supple-

e hijos *(span.) und Söhne*
tetracycline *Tetracyclin (Antibiotikum)*
order for *Auftrag auf*
tablet *Tablette*
per 1,000 *pro 1000 (Stück)*
because of recent heavy demands on *wegen der in letzter Zeit starken Anforderungen an*
existing stocks *pl. Lagerbestand*
promise *versprechen, zusagen*
shipment *Versand*
undertake to effect *sich verpflichten auszuführen*
delivery *Auslieferung*
take place *stattfinden*
the first few days *(Anm. 9)*
under separate cover *mit gleicher Post (gesondert)*
copy *Exemplar*
laboratory *Labor*
loose-leaf *Loseblatt-*
price schedule *Preisliste, -verzeichnis*
be added to *hinzukommen*
list *Liste, Verzeichnis*
receive *erhalten*

mentary price pages. These pages, when inserted in the proper sequence as indicated, will keep our price-list up to date. We hope that in the near future we shall be able to offer some quite substantial reductions in the prices of many of our existing products as well as offer new products at competitive prices.

Yours faithfully,

Wittekind & Reimers
Arzneimittel AG

supplementary *Ergänzungs-*
insert *einfügen*
proper sequence *richtige Reihenfolge*
indicate *angeben*
keep up to date *auf dem neuesten Stand halten*
in the near future *sehr bald*
offer *anbieten*
substantial *erheblich*
reduction *(Anm. 6)*
existing products *bestehende, augenblickliche Erzeugnisse*
as well as *wie auch*
competitive *konkurrenzfähig*

17. Offerte für Kohlepapier

Düsseldorf, 14th May, 19..

W.W. Jenkins & Co.,
19, rue Maillol,
Alexandria,
Egypt.

Dear Sirs,

Carbon Paper

Thank you for your letter of 6th May, in which you enquired about carbon paper.

We can provide carbon paper in all the standard sizes (foolscap, octavo, folio, etc. as well as DIN A 4, DIN A 5, etc.) from stock and special sizes to order. In addition, we can supply typing copy (flimsy) paper faced with carbon paper of a quality suitable for once only use; this combination of "faced copy paper" is becoming more and more popular with large firms. Besides the standard carbon papers, we can also supply a variety of "non-

carbon (paper) *Kohlepapier*
enquire *anfragen (Anm.12)*
provide *liefern*
standard *Standard(-), normal*
size *Größe, Maß*
foolscap *Kanzleiformat*
octavo *Oktav(format)*
folio *Folio(format)*
from stock *ab Lager*
to order *nach Maß*
in addition *außerdem*
supply *liefern*
typing *Schreibmaschinen-*
copy paper, flimsy paper *Durchschlagpapier*
faced with carbon paper *mit anhängendem Kohlepapier*
suitable *geeignet*
for once only use *zu einmaligem Gebrauch*
combination *Kombination*
faced copy paper *Durchschlagpapier mit anhängendem Kohlepapier*
popular with *beliebt bei*
firm *Firma*
besides *außer*
variety *Auswahl*

smudge" types which not only give a greater number of copies per sheet at very little extra cost but offset this by greater durability and the elimination of the messiness associated with the standard types. All our carbons can be provided in black, blue or violet.

We are sending you a full range of samples with a price-list and terms under separate cover today.

Yours faithfully,
Kraus & Günther

non-smudge *griff- und reibfest*
copy *Durchschlag*
sheet *Blatt*
extra cost *Mehrkosten*
offset *ausgleichen, aufwiegen*
durability *Haltbarkeit*
elimination *Ausschaltung, Vermeidung*
messiness *Schmuddeligkeit*
associate *verbinden*
range *Kollektion*
sample *Muster (Anm. 1)*
terms *(Liefer-, Zahlungs-) Bedingungen*
under separate cover *mit gleicher Post (gesondert)*

18. Vorläufige Auftragsbestätigung und Versandvoravis

Hamburg, 27th July, 19..

Wm. Harper Bros. & Odole Ltd.,
Wholesale Importers & Merchants,
P.O. Box 167,
Lagos,
Nigeria.

Dear Sirs,

Your Orders of 1st and 3rd July

Thank you for your letters of 1st and 3rd July, which also contained your orders Nos. 76, 77, and 78. We replied to you on 15th July and we herewith confirm our acceptance of your orders in accordance with the terms set out in our letter of 15th.

Order No. 76......
100 bags Granulated Sugar
Order No. 77......
5 cases Unsalted Butter
Order No. 78......
100 lbs. Dry, Salted Herrings.

wholesale *Großhandel(s-)*
merchant *Kaufmann, (Groß)Händler*
order *Auftrag, Bestellung*
contain *enthalten*
reply *antworten*
confirm *bestätigen (Anm. 18)*
acceptance *Annahme*
in accordance with *entsprechend*
terms *(Geschäfts)Bedingungen*
set out *aufführen*
bag *Sack*
granulated sugar *Kristall-, Streuzucker*
case *Kiste*
(un)salted *(un)gesalzen*
herring *Hering*

We cannot, unfortunately, give you confirmation of dispatch of the above items as we are still negotiating with the suppliers, but we assure you that confirmation will reach you by next post.

Orders 65 for 20 cases of Pigs' Trotters and 66 for 50 cases of Lump Sugar are being shipped aboard S.S. "Valencia" scheduled to sail 30th July, and we hope to send you invoice and shipping documents by the next post.

Yours faithfully,
Necker & Seitz G.m.b.H.

unfortunately *leider*
confirmation *Bestätigung*
dispatch *Versand (Anm. 12)*
above *obig*
item *Posten*
negotiate *verhandeln*
supplier *Lieferant*
assure *versichern*
by (the) next post *mit der nächsten Post*
pigs' trotter *Schweinshaxe, Eisbein*
lump sugar *Würfelzucker*
ship *verschiffen, -senden*
aboard *an Bord*
be scheduled to sail *planmäßig auslaufen sollen*
invoice *(Waren)Rechnung*
shipping documents *Verschiffungspapiere (Anm. 32)*

19. Bestätigung eines telegraphischen Auslandsauftrags

Hamburg, 18th January, 19..

Olaf Andersen & Co.,
Ostergade, 55,
Copenhagen,
Denmark.

Dear Sirs,

Our Order No. 5667

We are enclosing copies of the cables sent to you regarding the above order and we confirm their contents:
100 cases Danish sweetened condensed skimmed milk at Danish Kronor 25 per case of 48 tins each 14 ozs., c.i.f. Hamburg/Lübeck at our option, immediate delivery. Conditions of payment: net cash against documents on presentation in Hamburg; Hamburg arbitration.

Our buyer has requested that 50 of the cases be sent to Hamburg

order *Auftrag, Bestellung*
enclose *beifügen (Anm. 12)*
copy *Abschrift*
cable *Telegramm*
regard *betreffen*
above *obig*
confirm *bestätigen (Anm. 18)*
contents *pl. Inhalt*
case *Kiste*
sweeten *zuckern*
condense *kondensieren*
skimmed milk *entrahmte (Mager)Milch*
Krone, *pl.* Kronor *(dän.) Krone*
tin *Dose, Büchse*; *AE* can
each *(zu) je*
oz(s). = ounce(s) *Unze (s. S. 143)*
c.i.f. *(Anm. 22)*
Hamburg/Lübeck at our option *nach unserer Wahl H. od. L.*
immediate delivery *sofortige Lieferung*
condition *Bedingung*
payment *Zahlung*
net cash *netto Kasse, bar ohne Abzug*
against documents *gegen Dokumente (Anm. 32)*
on presentation *bei Aushändigung*

immediately and the remaining 50 to Lübeck. For both deliveries the documents should be presented to us through a Hamburg bank.

Please take special care to see that the goods are above reproach and that the tins are undented and clean so that complaints by the customer can be avoided.

Please send us confirmation of your acceptance of this order as soon as possible.

Yours faithfully,
Seewalter & Kühl

Enc.

arbitration *Arbitrage, Schiedsgericht (Anm. 30)*
buyer *Käufer, Kunde*
request *bitten um*

---

remaining *restlich*
present *vorlegen, aushändigen*
take care to see that *dafür sorgen od. darauf achten, daß*
goods *pl. Ware(n)*
above reproach *einwandfrei*
undented *nicht verbeult*
complaint *Klage, Reklamation*
customer *Kunde*
avoid *vermeiden*
confirmation *Bestätigung*
acceptance *Annahme*

20. Versprechen einer beschleunigten Lieferung

Köln, October 23, 19..

W.M. Lyall & Co. Ltd.
21, Dorchester Road
Montreal, 5
Canada.

Gentlemen:

Your Proposed Order of October 12

Thank you for your letter of October 12 and we have carefully noted its contents.
We have investigated once more the possibility of a quicker dispatch of your proposed order and we are now in a position to inform you that we shall be able to deliver the goods in question within 10 or 11 weeks of your firm confirmation of the order. We shall be able to achieve this

propose *planen, in Aussicht stellen*
order *Auftrag, Bestellung*
note *zur Kenntnis nehmen*
contents *pl. Inhalt*
investigate *prüfen, untersuchen*
possibility *Möglichkeit*
dispatch *Versand (Anm. 12)*
deliver *liefern*
goods *pl. Ware(n)*
in question *fraglich*
firm *fest*
confirmation *Bestätigung (Anm. 18)*
achieve speed up in delivery *beschleunigte Lieferung ermöglichen*

---

combine *verbinden*
consignment *Lieferung, Sendung*

speed up in delivery by combining consignments from various producers and postponing less urgent orders, provided that you confirm your order at once.

In order to save time we enclose the sales contract in duplicate; the conditions are the same as those mentioned in the rough draft of September 14, with the exception of those referring to the delivery date, which has been altered so as to conform to the period indicated in the paragraph above.

If you agree with our proposal, please cable your consent followed by a signed copy of the contract, and as soon as your cable has been received, the order will be put in hand.

Yours faithfully,
Rudolf & Jentsch AG.

Enc. 2

producer *Fabrikant, Hersteller*
postpone *aufschieben*
urgent *dringend*
provided *vorausgesetzt*
save *(ein)sparen*
enclose *beifügen (Anm. 12)*
sales contract *Verkaufsvertrag*
in duplicate *in doppelter Ausfertigung*
condition *Bedingung*
mention *erwähnen*
rough draft *Entwurf*
with the exception of *mit Ausnahme von*
refer to *sich beziehen auf*
delivery date *Lieferfrist, -termin*
alter *(ab)ändern*
so as to conform to *so daß (es) übereinstimmt mit*
period *Zeit(raum)*
indicate *angeben, nennen*
paragraph *Abschnitt, -satz*
above *oben; obig*
agree *einverstanden sein*
proposal *Vorschlag*
cable *telegraphieren; Telegramm*
consent *Einwilligung, Zustimmung*
sign *unterzeichnen*
copy *Abschrift, Kopie*
receive *erhalten*
put in hand *in Bearbeitung geben*

21. Vorläufige Versandanzeige über Waren gegen Bankschecks

Hamburg, 5th November, 19..

Brewster & Chiroma Ltd.,
P.O. Box 212,
Freetown,
Sierra Leone.

Dear Sirs,

Your Order of 2nd November

We have received your order of 2nd November, for which we thank you.

order *Auftrag, Bestellung*
receive *erhalten*

In accordance with your instructions, we have prepared the first consignment to the value of £500 Sterling. It consists of:

(1) Assorted Preserves, first quality

(2) Belgian Cement

Shipping dates: for (1) from Rotterdam, 15th November
for (2) from Antwerp, 18th November

We are enclosing invoices for the goods in triplicate together with Customs declarations. On shipment of the goods, the Bs/L will be forwarded to you by registered post immediately. This letter is being sent by airmail as we assume that you wish to have the invoices before the arrival of the goods so that you may prepare for the Customs formalities.

We have charged each article, as previously arranged with you, at a c.i.f. price in our invoice. Prices therefore include freight, insurance, all costs and our profit. All invoices covering goods against account 'Uncovered Credit' up to £1,000 Sterling will be prepared in this way.

For further consignments, for which we shall draw on you at 90 days, we shall send detailed invoices stating: original cost price and, separately, freight, insurance, petty charges and our 10% purchasing commission for

in accordance with *entsprechend*
instruction *Instruktion, Anweisung*
prepare *zusammenstellen; (sich) vorbereiten; ausfertigen*
consignment *Lieferung, Sendung*
to the value of *im Werte von*
consist of *bestehen aus*
assort *sortieren*
preserves *Konserven*
first quality *(von) beste(r) Qualität*
Belgian *belgisch*
shipping date *Verschiffungs-, Versanddatum*
enclose *beifügen (Anm. 12)*
invoice *(Waren)Rechnung*
goods *pl. Ware(n), Güter*
in triplicate *in dreifacher Ausfertigung*
customs declaration *Zollerklärung*
shipment *Versand*
Bs/L = bills of lading *(Anm. 32d)*
forward *zusenden*
by registered post *eingeschrieben*
immediate *umgehend*
by airmail *mit Luftpost*
assume *annehmen, vermuten*
arrival *Ankunft*
charge at *berechnen zu*
arrange *vereinbaren*
previously *vorher*
c.i.f. *(Anm. 22)*
include *einschließen*
freight *(See)Fracht*
insurance *Versicherung*
costs *Kosten*
profit *Gewinn*
... covering goods against account ... *über Waren auf Konto*
uncovered *ungedeckt*
draw on *trassieren, einen Wechsel ziehen auf*
detailed invoice *spezifizierte Rechnung*
state *angeben, nennen*
original *ursprünglich*
cost price *Einkaufspreis, Selbstkostenpreis*
separate *getrennt*
petty charges *kleine Spesen*
purchasing commission *Einkaufsprovision (Anm. 10)*

each item; we shall inform you also of the cable code we shall be using.

Yours faithfully,
Kardorf & Winter

Enc's.

item *Posten*
cable code *Telegramm-Code (Anm. 25)*

22. Ausführung eines Exportauftrags

Göppingen, 2nd June, 19..

John Whistler Bros. Ltd.,
52, City Road,
London, E.C. 1
England.

Dear Sirs,

Thank you for your order of 25th May for:

20 "Kolton" Electric Dishwashers, Model TY, 230–240 volt AC.

They have been shipped today by the S.S. "Bremerhaven" sailing out of Hamburg to your agent in Sydney, N.S.W., Australia, Messrs. Wainwright & Co. of 25, Young Street, Sydney.

We note that the freight will be paid by the consignee and that the insurance will be covered by you.

We have, in accordance with your instructions, sent one copy of the B/L to Wainwrights and are enclosing the remaining two copies and the Consular Invoice in this letter.

Yours faithfully,
Friedrich Wolff & Sohn

Enc. 3

order *Auftrag, Bestellung*
dishwasher *Geschirrspülmaschine*
ship *verschiffen, -senden*
sail *auslaufen*
agent *Agent, Vertreter*
N.S.W. = New South Wales *(Australien)*
note *zur Kenntnis nehmen*
freight *(See)Fracht*
consignee *(Waren)Empfänger*
insurance *Versicherung*
cover *decken*
in accordance with *entsprechend*
instruction *Anweisung*
copy *Exemplar*
B/L = bill of lading *(Anm. 32d)*
enclose *beifügen (Anm. 12)*
remaining *restlich*
consular invoice *(Anm. 32i)*
invoice *(Waren)Rechnung*

Invoice of Purchased Merchandise.

Göppingen, 1st June, 19..

INVOICE of electric dishwashers purchased by Messrs. John Whistler Bros. Ltd., of 52, City Road, London, E.C.1., England, from Messrs. Friedrich Wolff & Sohn, Göppingen/Germany, as per order dated 25th May, 19.., to be shipped by S.S. "Bremerhaven" from Hamburg to Messrs. Wainwright & Co., 25, Young Street, Sydney, N.S.W., Australia.

Marks and Numbers	Quantities	Full Description of Goods	Prices per unit	Invoice Price
J.W. 1-20	20 pieces	Electric Dishwashers	£ 52	£ 1040
20 crates	20 pieces			Total £ 1040

Freight to be paid by the consignee

Signature of Seller:

(sgd.) Friedrich Wolff & Sohn

Declaration of Seller or Shipper

We, the undersigned, do solemnly and truly declare that we are the Sellers of the merchandise described in the attached invoice; that the merchandise is sold or agreed to be sold; that there is no other invoice differing from the attached invoice, and that all the statements contained herein and in such invoice are true and correct.

We further declare that it is intended to make entry of the said merchandise at the Port of Sydney/N.S.W. in Australia.

Dated Göppingen, this first day of June, 19..

Friedrich Wolff & Sohn

purchase *kaufen*
merchandise *Ware(n)*
as per *laut*
mark *Zeichen, Bezeichnung*
description *Beschreibung*
per unit *pro Einheit*
piece *Stück*
crate *Lattenkiste, Verschlag*
total *Gesamt(summe)*
signature *Unterschrift*
seller *Verkäufer*
declaration *Erklärung*
shipper *Verschiffer, -frachter*
undersigned *Unterzeichnete(r)*
solemn *feierlich*
truly *wahrheitsgemäß*
declare *erklären*
attach *beifügen*
sold *verkauft*
agreed to be sold *zum Verkauf bestimmt*
differ *abweichen*
statement *Angabe*
contain *enthalten*
intend *beabsichtigen*
make entry of *deklarieren, einführen*
port *Hafen*

23. *Bestätigung von Angeboten und Verkäufen durch Kabel*

Hamburg, 12th November, 19..

Juan Santana y Cía.,
Apartado 778,
Caracas,
Venezuela.

Dear Sirs,

We herewith confirm our letter of 8th November and the cables exchanged between us since that date, copies of which are enclosed.

We received your cable of 8th in the afternoon of the same day and in it you made us the following firm offers:

100 bags Coffee,
type B5 at £20.50 per cwt.

150 bags Coffee,
type A7 at £26.25 per cwt.

50 bags Coffee,
type K6 at £21.75 per cwt.

300 bags Coffee,
type M2 at £28.00 per cwt.

The above prices c. & f. Hamburg and including our usual commission of 3%; we are unable to decipher the 5th word in the cable as it was misspelled.

We commenced negotiating your offer immediately and we gave you a favourable partial report on 9th November; in accordance with our cable to you of that date, we have booked the under-mentioned orders to you:

100 bags B5 at £20.50 per cwt., c. & f. Hamburg; buyers: A. Metzer AG.

y Cía *(span.) und Co.*
apartado *(span.) Postfach*
herewith *hiermit*
confirm *bestätigen (Anm. 18)*
cable *Telegramm*
exchange *austauschen, wechseln*
copy *Durchschlag, Kopie*
enclose *beifügen (Anm. 12)*
receive *erhalten*
firm offer *festes Angebot (Anm. 13)*
bag *Sack*
the above prices *obige Preise verstehen sich*
c. & f. *(Anm. 22)*
including *einschließlich*
usual *üblich*
commission *Provision (Anm. 10)*
decipher *entziffern*
misspelled *falsch geschrieben*
commence *beginnen*
negotiate *verhandeln (über), vermitteln*
immediate *umgehend*
favourable *günstig*
partial *teilweise, Teil-*
report *Bericht*
in accordance with *in Übereinstimmung mit*
book *buchen*
under-mentioned *untenerwähnt*

75 bags A7 at £26.25 per cwt., c. & f. Hamburg; buyers: H. Schulz & Co.

50 bags K6 at £21.75 per cwt., c. & f. Hamburg; buyers: Wittig & Co.

As no offers were forthcoming for M2 at the price you quoted, we made you a counter-offer of £27.50 for this type. There is only one buyer at present available, and we hope you will accept this offer which we consider reasonable, taking into account the situation of the market. The proposed buyer is Pfeifer & Co. of Bremen, a firm with a fine reputation, and if you confirm, the acceptance credit would be opened in your favour in London by return cable; please let us have your decision on this offer as soon as you can.

Yours faithfully,
Karl Martens & Co.

Enc's.

be forthcoming *erfolgen*
quote *ansetzen, -geben*
counter-offer *Gegenangebot*
at present *zur Zeit, augenblicklich*
available *vorhanden*
accept *annehmen*
consider *ansehen als, halten für*
reasonable *vernünftig, angemessen*
take into account *berücksichtigen, in Betracht ziehen*
proposed *voraussichtlich*
reputation *Ruf*
acceptance credit *Akzeptkredit (Anm. 41)*
in your favour *zu Ihren Gunsten*
by return cable *telegraphisch, umgehend durch Telegramm*
decision *Entscheidung*

24. Aufgeschobene Bestellung unter Hinweis auf die Devisenbestimmung

Hamburg, 25th February, 19..

Athanasios Cerkis,
Anthimou Gazi 9,
Athens,
Greece.

Dear Sir,

Import Licence for Currants

I have received your letter of 17th February and I ask you to excuse my delaying a definite answer concerning the Order DY

import licence *Einfuhrlizenz (Anm. 17)*
currants *Korinthen*
receive *erhalten*
delay *verzögern; Verzögerung*
definite *endgültig*
concern *betreffen*
order *Auftrag, Bestellung*

244 which I had promised you. The reason for delay has been the difficulty of obtaining an Import Licence; the procedure is a lengthy one, and I regret to have to report that, up to this moment, I have been unsuccessful in obtaining the grant of a licence. I have just been informed that the import quotas authorised by the German Control Office have been filled for March and April. In these circumstances, I have no alternative but to apply again and for a licence to participate in the May quota. I assure you that I shall take all the necessary steps to obtain one in good time.

Advance Payments

I am sorry to have to tell you that advance payments are not possible; the German foreign exchange regulations prohibit advance payments; the invoice must be paid in cash in Germany after the goods have been received here.

Orange Prices

Please note that the present maximum price for oranges has been determined by the Control Office at

DM 246,- per 100 kg. gross for net; free on trucks Piraeus

If you can make deliveries at this figure or even lower, please let me know by return of post.

Yours faithfully,
Alwin Horstmann,
Import-Export Agent

promise *versprechen, zusagen*
reason *Grund*
obtain *erhalten*
procedure *Vorgang*
lengthy *langwierig*
regret *bedauern*
report *berichten, mitteilen*
I have been unsuccessful in *es ist mir nicht gelungen, ... zu*
grant *Bewilligung, Erteilung*
quota *Quote, Kontingent*
authorise *genehmigen*
control office *Überwachungsstelle*
fill *erfüllen*
in these circumstances *unter diesen Umständen*
have no alternative but *keine andere Wahl haben als*
apply (for) *ersuchen (um), einen Antrag stellen (auf)*
and *und zwar*
participate *beteiligt sein*
assure *versichern*
take the necessary steps *die notwendigen Schritte unternehmen*
in good time *rechtzeitig*
advance payment *Vorauszahlung*
possible *möglich*
foreign exchange regulations *Devisenbestimmungen*
prohibit *verbieten*
invoice *(Waren)Rechnung*
in cash *in bar*
goods *pl. Ware(n)*
orange *Apfelsine*
note *zur Kenntnis nehmen*
present *gegenwärtig*
maximum *Höchst-*
determine *festsetzen*
gross for net *brutto für netto (Verpackung wird als Ware gerechnet)*
free on trucks = f.o.t. *(Anm. 22)*
make deliveries *liefern*
at this figure *zu diesem Preis*
even lower *sogar billiger*
let a.p. know *j-m mitteilen*
by return of post *postwendend, umgehend*

25. Unterbringung einer überseeischen Bestellung

Hamburg, 15th October, 19..

The Eastern Trading Co. Ltd.,
P.O. Box 125,
Salween Road,
Singapore.

Dear Sirs,

Thank you for your letter of 20th September and we are pleased to learn that the demand for steel sink units is increasing.

On receiving the specifications mentioned in your letter, we approached a steel works able and willing to supply the item required at a very favourable price for a bulk purchase. We have accordingly placed your order as follows:

> 200 Sink Units, first quality crucible cast stainless steel with vitreous enamel tops; complete with waste and plug fittings; dimensions 63″ × 21″; colour of tops: 100 all white, 50 blue/white, 50 yellow/white.
> Price £12.75 each, c.i.f. Singapore.
> Shipping date: 24th November, 19..
> Payment: 3 d/s. draft through Hongkong & Shanghai Banking Corporation, Singapore Branch.

The suppliers allow you complete discretion in the selling price but suggest, in view of the relatively low prices prevailing in the steel trade, that the max-

be pleased *sich freuen*
learn *erfahren*
demand *Nachfrage*
steel *Stahl(-)*
sink unit *Spültisch, Spüle*
increase *wachsen*
receive *erhalten*
specifications *Einzelangaben*
mention *erwähnen*
approach *in Verbindung treten mit*
steel works *sg. od. pl. Stahlwerk(e), Stahlwarenfabrik(en)*
willing *bereit, gewillt*
supply *liefern*
item *Artikel*
require *verlangen*
favourable *günstig*
bulk purchase *Großeinkauf*
accordingly *(dem)entsprechend*
place an order *einen Auftrag erteilen*
first quality *(von) beste(r) Qualität*
crucible cast steel *Tiegelgußstahl*
stainless *rostfrei*
with vitreous enamel tops *oben emailliert, mit emaillierter Oberfläche*
waste and plug fittings *Abflußzubehör u. Stöpsel*
dimensions *Maße, Größe, Abmessungen*
″ = inch *(s. S. 142)*
each *je*
c.i.f. *(Anm. 22)*
shipping date *Verschiffungs-, Versanddatum*
payment *Zahlung(sweise)*
3 d/s draft = 3 days' sight draft *3-Tage-Sichttratte (Anm. 39)*
branch *Zweigniederlassung, Filiale*
supplier *Lieferant*
allow a p. discretion *in j-s Ermessen stellen, j-m anheimstellen*
selling price *Verkaufspreis*
suggest *vorschlagen*
in view of *angesichts*
relatively *verhältnismäßig*
prevail *vorherrschen*
trade *Handel, Geschäft*
maximum *Höchst-*

imum selling price should not be above 140 Singapore Dollars; their motive for suggesting this maximum is that they would not like their branded products to be priced out of future markets.

We are very interested in the outcome of this order and we hope that you will inform us of its result. We sincerely hope that this will be a successful transaction for you and will lead to further orders for similar articles.

Yours faithfully,
Kellermeister & Schröter,
Export & Import Agents

above *über*
motive *Motiv, (Beweg-) Grund*
branded products *Markenerzeugnis*
be priced out of the market *durch überhöhten Preis sich den Markt entfremden*
outcome *Ergebnis*
inform a p. *j-m mitteilen*
result *Resultat, Ergebnis*
sincere *aufrichtig*
successful *erfolgreich*
transaction *(Geschäfts-) Abschluß*
similar *ähnlich*

26. Versandanzeige und Übersendung einer Faktura

Lübeck, 23rd February, 19..

Henry Bowden & Co. Ltd.,
39–43, Marine Drive,
Brighton, 3
Sussex,
England.

Dear Sirs,

In accordance with the undertaking given in our sale confirmation letter of 13th February, we are sending you enclosed with this letter our invoice for

3000 Worcester Ware Tea Trays, 15″ in diameter and with design of camellia sinensis on surface; price per piece: DM 1,20; total cost: DM 3600,–.

The trays have been shipped to your London warehouse at St. Cath-

in accordance with *in Übereinstimmung mit*
undertaking *Versprechen, Zusage*
sale confirmation *Verkaufsbestätigung (Anm. 18)*
enclose *beifügen (Anm. 12)*
invoice *(Waren)Rechnung*
Worcester ware *(sehr leichte Metallegierung, für Dosen u. ä. verwendet)*
tray *Tablett*
″ = inch *(s. S. 142)*
diameter *Durchmesser*
design *Muster, Zeichnung*
camellia sinensis *chinesische Kamelie(nblüte)*
surface *Oberfläche*
price per piece *Stückpreis*
total cost *Gesamtpreis*
ship *verschiffen, -senden*
warehouse *Lager, Speicher*

erine's Dock by the S.S. Polaris today. The shipping documents will be delivered to you through the City Branch of the Midland Bank Ltd., London, against acceptance of a 10 days' sight draft.

We hope you will find the goods satisfactory, and in the anticipation of this, we are sending our latest illustrated catalogue to you under separate cover.

Yours faithfully,
Gebr. Gerhard Brüggemann

Enc: Invoice MJ 304/67

dock *Kai, Pier*
shipping documents *Verschiffungspapiere (Anm. 32)*
deliver ***ausliefern, -händigen***
acceptance *Akzept (Anm. 40)*
sight draft *Sichttratte (Anm. 39)*
goods *pl. Ware(n)*
satisfactory *zufriedenstellend*
anticipation *Hoffnung, Erwartung*
latest *(Anm. 5)*
illustrated catalogue *Bildkatalog*
under separate cover *mit gleicher Post (gesondert)*

27. Gutschriftanzeige und Bitte um Übersendung eines Marktberichts

Frankfurt, 10th November, 19..

Sean O'Connell Bros. Ltd.,
32, Fitzwilliam Square,
Dublin 2,
Eire.

Dear Sirs,

We have instructed our London bankers, Messrs. J. Henry Schroeder & Co., to place to your credit today the sum of £54.47 Sterling in full settlement of your freight account dated 5th November, 19..

We also take this opportunity of asking you for a report on the present state of the Irish flax market and the market for fine linens, and we thank you in advance for the trouble you are taking.

Yours faithfully,
Berger & Schröter

instruct *anweisen*
banker(s) *Bankier (Bankhaus)*
place to a p's. credit *j-m gutschreiben*
sum *Summe, Betrag*
in settlement of *zum Ausgleich von, als (Be)Zahlung von*
freight account *Frachtrechnung*
date *datieren*
opportunity *Gelegenheit*
report *Bericht*
state *Stand*
flax *Flachs*
linen *Leinen*
in advance *im voraus*
take trouble *sich Mühe machen*

28. Scheckempfangsbestätigung

Hannover, 23rd October, 19..

Watson & Jenkins, Ltd.,
39, Leadenhall Street,
London, E.C.3
England.

Dear Sirs,

Thank you for your letter of 20th October and for your cheque on Barclays Bank Ltd., London, for £197.34.

We have placed the amount of your cheque to your credit under the usual reserve.

We hope we shall have the pleasure of doing business with you again, and please do not hesitate to contact us whenever you think we can be of service to you.

Yours faithfully,
Niedersächsische
Maschinenfabrik,
successors to Hartung & Weber AG.

cheque *Scheck*
place to a p's. credit *j-m gutschreiben*
amount *Betrag*
under the usual reserve *mit dem üblichen Vorbehalt*
do business with a p. *mit j-m in Geschäftsverbindung stehen, ein Geschäft abschließen*
hesitate *zögern*
contact a p. *sich mit j-m in Verbindung setzen*
be of service to a p. *j-m zu Diensten sein, e-n Dienst erweisen*

29. Bitte um Aufgabe von Adressen

Lübeck, 17th June, 19..

A. Sharif & Sons,
Import-Export Agents,
147, Emad el Dine Street,
Cairo,
Egypt.

Dear Sirs,

I should be grateful for the names and addresses of the principal exporters of Egyptian Cotton and I have been informed that you are able to supply me with them.

agent *Vertreter*
grateful *dankbar*
principal *Haupt-, hauptsächlich*
Egyptian *ägyptisch*
cotton *Baumwolle*
inform *(davon) unterrichten*
supply a p. with a th. *j-m et. liefern, beschaffen*

---

in the event of *falls*
business *Geschäft(sabschluß, -sverbindung)*

In the event of business resulting from an introduction made by you, I can assure you that I shall entrust the shipment of the goods to your firm.

I thank you in advance for the information requested and shall be happy to render you a similar service whenever the occasion arises.

Yours faithfully,
Richard Lange

result from *sich ergeben aus*
introduction *Einführung*
assure *versichern*
entrust *anvertrauen*
shipment *Verschiffung, Versand*
goods *pl. Ware(n)*
firm *Firma*
in advance *im voraus*
information *Mitteilung (-en), Auskunft, Auskünfte (Anm. 3)*
request *erbitten*
render a p. a service *j-m e-n Dienst erweisen*
occasion *Gelegenheit*
arise *sich ergeben, eintreten*

30. Anfrage über die Möglichkeit der Wiedergewinnung eines Absatzgebietes

Berlin, 15th May, 19..

Adams, Hooper & Co. Ltd.,
235–7, Flinders Lane,
Melbourne,
Australia.

Dear Sirs,

Some time ago we used to export clocks to your area and we did a regular business through the importing firm of Onions & Mitchell. When the latter went out of business, we made no attempt to find another associate, but we now feel that the market situation makes it imperative for us to find a substitute.

Stable conditions and increased productivity in West Germany have made our prices highly competitive in confrontation with the non-German firms supplying your country; even the Japanese are finding difficulty in matching our prices.

We manufacture a wide range of alarm, kitchen, wall, office,

clock *Uhr*
area *Gebiet*
do a regular business *regelmäßig Geschäfte tätigen*
importing firm *Importfirma*
latter *letztere(r, -s)*
go out of business *das Geschäft aufgeben*
attempt *Versuch*
associate *Partner, Geschäftsfreund*
feel *meinen, denken*
imperative *unumgänglich*
substitute *Ersatz*
stable conditions *pl. Stabilität*
increase *wachsen, zunehmen*
competitive *konkurrenzfähig*
in confrontation with *gegenüber*
supply *beliefern*
even *sogar*
Japanese *sg. od. pl. Japaner*
find difficulty in *es schwierig finden, (...) zu*
match a price *mit e-m Preis konkurrieren, sich e-m Preis angleichen*
manufacture *herstellen*
range *Auswahl, Sortiment*
alarm clock *Wecker*

---

travelling clock *Reisewekker*
variety *Auswahl*
movement *Gang-, Gehwerk*

and travelling clocks and a variety of movements, both mechanical and electric. We are enclosing our latest catalogue and price-list and we should like to draw your attention to Model No. 41/1249; this is our 'Travel Alarm' clock and it folds into a slim, flat shape; the frame is gilt finished; the hands and figures are fully luminous; there is a choice of 6 colours in a grained morocco finish; the movement is jewelled. In the U.K., where this clock has been a specially good 'seller', it retails at £2.88.

Should you be interested in associating yourself with us, we shall be pleased to discuss in full detail the prospects of a market in Australia and the conditions on which the collaboration would be based.

We hope to have your reply at your convenience.

Yours faithfully,
Petersen GmbH.

Enc's.

both ... and *sowohl ... als auch*
enclose *beifügen (Anm. 12)*
latest *(Anm. 5)*
draw a p's. attention to *j-s Aufmerksamkeit lenken auf*
travel alarm clock *Reisewecker*
fold into a slim, flat shape *(sich) ganz flach zusammenfalten od. -klappen (lassen) (Anm. 20)*
frame *Einfassung*
gilt finished *vergoldet*
hand *Zeiger*
figure *Ziffer*
luminous *leuchtend, Leucht-*
there is a choice of *stehen zur Auswahl*
in a grained morocco finish *in genarbtem Saffianleder [versehen]*
jewel *mit (Edel)Steinen [versehen]*
seller *Verkaufsschlager*
retail at *zum Einzelpreis von ... verkauft werden (Anm. 20)*
associate o.s. with *zusammenarbeiten mit*
discuss *besprechen*
in full detail *in allen Einzelheiten*
prospects *Aussichten*
condition *Bedingung*
collaboration *Zusammenarbeit*
base on *basieren auf*
reply *Antwort*
at your convenience *zu gegebener Zeit*

31. Fruchtimporteur sucht Verbindung mit überseeischem Ausfuhrhaus

Hamburg, May 31, 19..

Wells Bros. Inc.
3815 Market Street
San Francisco, Calif. 94131
U.S.A.

Gentlemen:

I am an importer of overseas agricultural products and I am seeking

overseas *überseeisch*
agricultural *landwirtschaftlich*
seek for *suchen*

additional *weiter*
reliable *zuverlässig*
dried fruits *pl. Dörrobst*
chamber of commerce *Handelskammer*
be aware *wissen*
no doubt *zweifellos*
competition *Wettbewerb, Konkurrenz(kampf)*

for a few additional reliable exporters of dried fruits; I was given your address by the San Francisco Chamber of Commerce.
As you are, no doubt, aware, competition in this particular field is very keen, and the large packing firms and exporters have their own representatives in the German ports and also in many inland centers. My object in approaching you is to obtain the sole agency for your firm.

Prices would have to be competitive and should be quoted c.i.f. Hamburg in US Dollars and include my commission. All offers should be accompanied with full details of brand, quality, packing, and delivery date; shipping routes (via Panama or overland) should also be stated. I am accustomed to buy against documents attached, the latter to be surrendered against acceptance, but other arrangements would, in certain circumstances, be possible. I am enclosing a list of references and should you avail yourself of them I feel sure that my referees will easily convince you that I am an efficient, trustworthy and capable agent.

If my proposal interests you, I shall be pleased to hear from you at your convenience.

Yours truly,
Adolf Seewalter

Enc.

particular *besonder*
field *Geschäftszweig*
keen *scharf*
packing firm *(Firma, die die Verpackung für verderbliche Waren herstellt od. diese abpackt)*
representative *Vertreter*
port *Hafen*
inland center *(AE) wichtiger (Handels)Platz im Binnenland*
object *Ziel*
approach *in Verbindung treten mit*
obtain *übernehmen*
sole *Allein-*
agency *Vertretung*
competitive *konkurrenzfähig*
quote *ansetzen, -geben*
c.i.f. *(Anm. 22)*
include *einschließen*
commission *Provision (Anm. 10)*
offer *Angebot*
accompany *begleiten*
detail *Einzelheit*
brand *Marke*
delivery date *Liefertermin*
shipping route *(AE) Versandweg*
via *über*
state *nennen, angeben*
be accustomed *gewohnt sein, pflegen*
documents attached *beigefügte Dokumente (Anm. 32)*
latter *letztere(r, -s)*
surrender *aushändigen*
acceptance *Annahme(vermerk), Akzept (Anm. 40)*
arrangement *Vereinbarung*
circumstance *Umstand*
possible *möglich*
enclose *beifügen (Anm. 12)*
reference *Referenz, Empfehlung*
avail o.s. of a th. *von e-r Sache Gebrauch machen*
yourself *(Anm. 23)*
referee *Referenz(geber)*
convince *überzeugen*
efficient *tüchtig*
trustworthy *vertrauenswürdig*
capable *fähig*
agent *Vertreter*
proposal *Vorschlag*
be pleased *sich freuen*
at a p's. convenience *zu gegebener Zeit*

32. Bitte an eine Überseebank um Beschaffung eines Vertreters

Nürnberg, 9th May, 19..

The Manager,
The Bank of the Philippine Islands,
P.O. Box 545,
Cebu City,
Cebu.

Dear Sir,

We are looking for a reliable and capable local agent to act for us on a commission basis and our own bankers, Handels- u. Commerzbank AG., suggested that we approached you as being likely to be able to recommend a trustworthy firm.

The firm need not be large; in fact, we should prefer it to be small or moderate in size in order to use the incentive of our agency to improve its status, and we have full confidence that you will recommend an energetic agent who is acceptable in business circles in your area.

For references to the standing of our firm, we have the permission of the banks on the enclosed list to quote them as referees and they will be able to provide you with all the information you may require about us.

If you are able to suggest the name of a likely firm, we understand fully that you will be acting on your own discretion and without incurring any responsibility.

In the event of the establishment of an agency in your area, we can assure you that we

manager *Geschäftsführer*
look for *suchen*
reliable *zuverlässig*
capable *fähig, tüchtig*
local *ortsansässig, einheimisch*
agent *Vertreter*
act on a commission basis *auf Provisionsbasis tätig sein (Anm. 10)*
banker(s) *Bankier(s, Bankhaus)*
suggest *vorschlagen*
approach *sich in Verbindung setzen mit*
a p. being likely *j., der wahrscheinlich*
recommend *empfehlen*
trustworthy *vertrauenswürdig*
firm *Firma*
in fact *eigentlich, offen gesagt*
prefer *vorziehen, bevorzugen*
moderate in size *mittelgroß*
incentive *Ansporn*
agency *Agentur, Vertretung*
improve *verbessern*
status *(geschäftliches) Ansehen*
confidence *Vertrauen*
energetic *energisch, tatkräftig*
be acceptable *anerkannt werden*
circle *Kreis*
area *Gebiet*
for reference *als Empfehlung*
standing *Ruf, Ansehen*
permission *Erlaubnis*
enclose *beifügen (Anm. 12)*
quote *nennen, angeben*
referee *Referenz(geber)*
provide a p. with *j-m (et.) verschaffen*
information *Auskunft (Anm. 3)*
require *benötigen*
likely *geeignet*
understand *Verständnis haben für*
on your discretion *nach Ihrem Ermessen, Gutdünken*
incur a responsibility *e-e Verantwortung übernehmen*

shall be very pleased to avail ourselves of the services of your bank for all our business connected with that agency.

We thank you in advance for your trouble and await your reply.

Yours faithfully,
Deppe & Meyer

Enc.

in the event of the establishment *falls ... eingerichtet wird*
assure *versichern*

be pleased *erfreut sein*
avail o.s. of *in Anspruch nehmen*
service *Dienst(leistung)*
connected with *in Verbindung mit*
in advance *im voraus*
trouble *Mühe*
reply *Antwort*

33. Anfrage an einen Vertreter wegen Verkaufsmöglichkeiten für Werkzeugmaschinen

Bielefeld, 23rd October, 19..

James Pierce, Esq.,
P.O. Box 176,
Nairobi,
Kenya.

Dear Sir,

Shafting Machinery

According to information that we have received, there seems to be good reason to believe that a market exists in your country for shafting machinery. Even if this market is, at present, only potential, we are very interested in exploring its possibilities.

We are therefore approaching you with an offer to act on our behalf. If the proposition appeals to you, please let us know on what conditions you would undertake this service for us. We should expect you to investigate the probable market and report fully on demand and expectations and also act as our selling agent when the occasion arises.

shafting machinery *Maschinen für Wellenbearbeitung*
according to *entsprechend*
information *Mitteilung (Anm. 3)*
receive *erhalten*
reason *Grund*
at present *zur Zeit, gegenwärtig*
potential *potentiell, möglich*
explore *erforschen, erkunden*
possibility *Möglichkeit*
approach *Verbindung aufnehmen mit, sich wenden an*
offer *Angebot*
act on a p's behalf *in j-s Auftrag tätig sein*
proposition *Vorschlag, Angebot*
appeal to a p. *j-m zusagen*
let a p. know *j-m mitteilen*
condition *Bedingung*
undertake *übernehmen*
service *Dienst*
expect *erwarten*
investigate *untersuchen*
probable *wahrscheinlich, voraussichtlich*
report *berichten*
demand *Nachfrage*
expectations *Aussichten*
selling agent *Verkaufsvertreter*
occasion *Gelegenheit*
arise *sich ergeben*

The machinery in which our firm is specialised and which we wish to export consists of the following items:

1) centreless bar turning-machines
2) straightening- and polishing-machines
3) cutting-off machines
4) pointing-machines

We are sending you promotional literature on our products under separate cover and we hope, after you have examined this material, you will be kind enough to let us have your answer to our proposal.

Yours faithfully,
Georg Weber & Sohn

be specialised in *spezialisiert sein auf*
consist of *bestehen aus, umfassen*
item *Artikel*
centreless bar turning-machine *spitzenlose Schälmaschine*
straightening- and polishing-machine *Richt- und Poliermaschine*
cutting-off machine *Abstechmaschine*
pointing-machine *Stangenspitzmaschine*
promotional literature *Werbematerial*
under separate cover *mit gleicher Post (gesondert)*
examine *prüfen*
be kind enough *so freundlich sein*
proposal *Vorschlag, Angebot*

34. Beantwortung einer Beschwerde über eine angeblich nicht erhaltene Sendung

Berlin, 23rd October, 19..

Production Manager,
Liverpool Paper Mills Ltd.,
38, Renshaw St.,
Liverpool, 5
England.

Dear Sir,

Case RPT 186

Our investigation into your complaint of 13th October about the non-receipt by you of case No. RPT 186 has resulted in the following facts coming to light:

our agent in Grimsby certifies that the goods were dispatched to you from that port on 7th October by Brit-

production manager *Fabrikations-, Produktionsleiter*
paper mill *Papierfabrik*
case *Kiste*
investigation *Nachprüfung, Untersuchung*
complaint *Beschwerde, Reklamation*
non-receipt *Nichterhalt, Nichtempfang*
result in *zu (dem Ergebnis) führen (daß)*
come to light *sich herausstellen*
agent *Vertreter*
certify *bestätigen, bescheinigen*
goods *pl. Ware(n)*
dispatch *ver-, absenden (Anm. 12)*
port *Hafen*

ish Railways, North Eastern Region. British Railways are in possession of a receipted copy of the delivery note and the signature reads 'W.C. Cook'.

We should be very grateful if you investigated the matter at your end and let us know the results. We feel fully confident of our agent's integrity and we do not doubt the veracity of the Railways; perhaps there has been some confusion in your stores department which would clarify the affair.

In the meanwhile, we await the results of your enquiries.

Yours faithfully,
Berliner Papiermaschinenfabrik,
vorm. Günther & Langhof AG.

region *Gebiet, Distrikt*
possession *Besitz*
receipt *quittieren*
copy *Durchschlag, Kopie*
delivery note *Lieferschein*
signature *Unterschrift*
read *lauten (Anm. 20)*
grateful *dankbar*
investigate *nachprüfen*
matter *Angelegenheit*
at your end *Ihrerseits, dort*
let a p. know *j-m mitteilen*
result *Ergebnis*
feel confident of *Vertrauen haben zu, überzeugt sein von*
integrity *Integrität, Rechtschaffenheit*
doubt *(be)zweifeln*
veracity *Glaubwürdigkeit*
confusion *Verwechslung, Irrtum*
stores department *Lager (-abteilung)*
clarify *klären*
affair *Angelegenheit*
in the meanwhile *inzwischen*
enquiry *Erkundigung, Nachforschung (Anm. 12)*

35. Bitte um Auskunft

Berlin, 20th June, 19..

The Secretary,
Chamber of Commerce,
145, Broad Street,
Bristol, 2
England.

Dear Sir,

I shall be grateful for some information on the financial standing of the Bristol firm of H. Gilbert & Co., 23, Barclay Road, Bristol, 6.

I have recently received an order from them for turning-lathes to the value of £2,350 and as I have had no previous dealings with them, I should like to know

chamber of commerce *Handelskammer*
grateful *dankbar*
information *Mitteilung (-en), Auskunft, Auskünfte (Anm. 3)*
standing *Lage*
firm *Firma*
recently *kürzlich*
receive *erhalten*
order *Auftrag*
turning-lathe *Drehbank*
to the value of *im Wert von*
previous *früher, vorherig*
dealings *Geschäftsbeziehungen*

reputation *Ruf, Ansehen*
part with *sich trennen von, ausliefern*
goods *pl. Ware(n)*
believe *glauben*
partnership *offene Handelsgesellschaft*

something of their standing and reputation before parting with the goods.

I believe the firm is a partnership and not a limited company, and I have been told that a partnership is a very unusual form of business organisation in your country in the particular industry in which H. Gilbert & Co. is engaged. Would you consider them safe for the amount mentioned above? Have you any reason to suppose that they do not meet their obligations promptly?

Please excuse me for the trouble I am giving you. Any information which you give me will be treated in the strictest confidence, and if it is possible for me to render one of your members a similar service in the future, I shall be happy to do so.

Yours faithfully,
Arnold Weidemann

limited company *(etwa) Gesellschaft mit beschränkter Haftung, AG mit beschränkter Haftung*
unusual *ungewöhnlich*
form of business organisation *Gesellschaftsform*
in your country *bei Ihnen, dort*
particular *besondere(r, -s)*
industry *Industrie(-), Gewerbe(zweig)*
be engaged with *arbeiten in, sich befassen mit*
consider *halten für*
safe *sicher*
amount *Summe, Betrag*
mentioned above *obenerwähnt*
reason to suppose *Grund zu der Annahme*
meet one's obligations *s-n Verpflichtungen nachkommen*
prompt *pünktlich*
give trouble *Mühe machen, bemühen*
treat in the strictest confidence *streng vertraulich behandeln*
possible *möglich*
member *Mitglied*
render a similar service *e-n ähnlichen Dienst erweisen*

36. Erteilung einer Auskunft

Hannover, 21st May, 19..

Pitman & Hoare Ltd.,
78, Cannon St.,
London, E.C.4
England.

Dear Sirs,

In reply to your letter of 3rd May, we can inform you that we have had relations with the firm in question for about 4 years. As regards their financial standing, we can only speak from our own experience and that has been good; we have never had any

in reply to *in Beantwortung (von)*
inform a p. *j-m mitteilen*
relations *Geschäftsbeziehungen*
firm *Firma*
in question *fraglich*
as regards *bezüglich*
standing *Lage*
experience *Erfahrung*

---

payment *Zahlung*
cash against documents *Kasse gegen Dokumente (Anm. 32)*

difficulties with them over payment; we have always sold 'cash against documents' and our drafts have always been paid punctually.

The general repute of the firm is, to the best of our knowledge, satisfactory and we have not heard anything against them. We cannot tell you the amount of the firm's capital or give you any details of its assets. The proprietor is said to have been formerly in business in England and to have good connexions there.

We think you stand little risk if you work on a similar basis to that on which we work with this firm, but please remember that any action you may take with regard to the information given in this letter is entirely at your discretion and we cannot be held in any way responsible for the outcome of such action.

Yours faithfully,
Wilhelm Schmidt & Sohn

draft *Tratte, Wechsel*
punctual *pünktlich*
general repute *allgemeines Ansehen*
to the best of our knowledge *unseres Wissens*
satisfactory *zufriedenstellend*
amount *Summe, Höhe*
detail *Einzelheit*
assets *pl. Guthaben, Vermögenswerte*
proprietor *Eigentümer*
be said to *sollen*
former *früher(er, -e, -es)*
be in business *Geschäfte betreiben*
connexion *Verbindung*
stand little risk *ein geringes Risiko od. kaum ein Risiko eingehen*
similar *ähnlich*
basis *Basis, Grundlage*
remember *daran denken*
action *Handlung*
with regard to *angesichts, im Hinblick auf*
information *Mitteilung (-en), Auskunft, Auskünfte (Anm. 3)*
entire *ganz, vollkommen*
be at a p's. discretion *in j-s Belieben od. Ermessen stehen*
hold responsible *verantwortlich machen*
outcome *Folgen*

37. Allgemeines Angebot einer Exportfabrik an einen Kommissionär

Fürth, 25th April, 19..

J. Crowder & Co. Ltd.,
61, Dharamtala Road,
Bombay,
India.

Dear Sirs,

We understand that you deal in writing materials and associated articles, and we are writing to ascertain if you are interested in marketing our products on a commission basis.

we understand that *wie wir erfahren (haben)*
deal in *handeln mit*
writing materials *Schreibwaren*
associated articles *verwandte Artikel*
ascertain *feststellen, erfahren*
market *verkaufen*
on a commission basis *auf Provisionsbasis (Anm. 10)*

firm *Firma*
specialise in *sich spezialisieren auf*
branch of manufacture *Produktions-, Geschäftszweig*

We are one of the largest and oldest firms specialising in this branch of manufacture, and we have carried on an export business for many years; our products are to be found in most parts of the world and have always found a ready sale. We should like to appoint a commission agent in Bombay so as to maintain a closer touch with our customers and also to build up further connexions. Our factory has just been re-equipped and so we are able to fulfil even quite substantial orders promptly in spite of existing heavy demands.

We are enclosing catalogues and price-list and if you should be interested in our proposition, please let us know which articles are most likely to interest your customers and what quantities should be made up as samples; we, in turn, shall endeavour to support you with truly competitive prices.

If you are willing to represent us, please let us know your terms, the commission you require, and any other relevant information. We should be grateful for references also.

If, when you reply, you care to give us some details of the market situation for our type of products and your comments on future trends, we shall be very grateful.

Yours faithfully,
C. & W. Henning Nchf.

Enc: Catalogue, general
Catalogue, ball points
Price-list.

carry on an export business *ein Exportgeschäft betreiben*
ready sale *guter Absatz*
appoint *ernennen, einsetzen*
agent *Vertreter*
maintain a closer touch *e-e engere Verbindung aufrechterhalten*
customer(s) *Kunde(n, Kundschaft)*
connexion *Beziehung*
factory *Fabrik*
re-equip *(mit) neu(en Maschinen) ausrüsten*
fulfil *ausführen, erfüllen*
even *selbst, sogar*
quite *recht, ziemlich*
substantial *umfangreich*
order *Auftrag, Bestellung*
prompt *pünktlich*
in spite of *trotz*
heavy demand *starke Nachfrage*
enclose *beifügen (Anm. 12)*
proposition *Angebot*
let a p. know *j-m mitteilen*
likely *geeignet*
make up as samples *als Warenprobe zusammenstellen (Anm. 1)*
in turn *wiederum, (unserer)seits*
endeavour *sich bemühen*
support *unterstützen*
truly *wirklich*
competitive *konkurrenz-[fähig]*
be willing *bereit sein*
represent *vertreten*
terms *(Zahlungs-, Liefe-rungs-, Geschäfts)Bedingungen*
require *benötigen*
relevant *von Belang, sachdienlich*
information *Mitteilung (-en), Auskunft, Auskünfte (Anm. 3)*
grateful *dankbar*
reference *Referenz*
reply *antworten*
if you care to *wenn Sie wollen od. mögen*
detail *Einzelheit*
comment *Stellungnahme, Meinung*
future trend *zukünftige Entwicklung*
catalogue, general *Gesamtkatalog*
catalogue, ball points *Kugelschreiber-Katalog*

38. Erkundigung wegen Werbung in einer ausländischen Zeitung

Berlin, 9th November, 19..

Wilson's Advertising Agency Ltd.,
164, Fleet Street,
London, E.C.4
England.

Dear Sirs,

We should like the enclosed advertisement to be inserted on 3 separate occasions in the 'classified' columns of the London 'Times'; the insertion should be 'semi-displayed' i.e. with lines of white space, indents and double-line capitals. If you let us know the cost of this, we shall pay by bank transfer to your account in a bank indicated by you.

We should like the same or similar advertisements to appear in another London daily and the 'Daily Telegraph' has been suggested to us as an appropriate one; do you agree that this is so?

Please advise us on Liverpool, Manchester and Glasgow daily papers suitable for our requirements, and at the same time let us know the rates for a single insertion of the kind mentioned above in each paper and any reduction for multiple insertions.

Yours faithfully,
Chemische Fabrik Valdora GmbH.

Encl.

advertising agency *Anzeigenvermittlung, Werbeagentur*

enclose *beifügen (Anm. 12)*
advertisement *Anzeige*
insert *einsetzen, veröffentlichen*
separate *getrennt*
occasion *Gelegenheit, Zeitpunkt*
classified column *Kleinanzeigenspalte*
the insertion should be 'semi-displayed' *die Anzeige sollte (durch etwas mehr freien Raum) hervorgehoben werden*
lines of white space *Durchschuß*
indent *Einzug*
double-line *doppelzeilig*
capital *Großbuchstabe*
let a p. know *j-m mitteilen*
cost *Kosten*
bank transfer to *Überweisung auf*
account *Konto*
indicate *angeben*
similar *ähnlich*
appear *erscheinen*
daily (paper) *Tageszeitung*
suggest *vorschlagen*
appropriate *geeignet*
agree *zustimmen, der (gleichen) Meinung sein*
advise *beraten*
suitable *geeignet*
requirement *Anforderung, Bedürfnis*
rate *Preis*
single *einfach, einmalig*
insertion *Veröffentlichung, Erscheinen*
kind *Art*
mentioned above *obenerwähnt*
reduction *(Anm. 6)*
multiple *mehrfach, wiederholt*

39. Beilegung einer Reklamation aus Übersee

Hamburg, 18th May, 19..

Thacker & Gates Ltd.,
P.O. Box 61,
Dar-es-Salam,
Tanzania.

Dear Sirs,

We are sorry to learn that you have felt it necessary to complain about our last shipment of preserves.

We must, however, point out that you have omitted to send us a certificate signed by the shipping agent and attesting to the bad condition of the goods on arrival. You have also delayed making your complaint until 3 months after the arrival of the goods at their destination. These two omissions considerably weaken the force of your claim.

Our suppliers, partly because of these omissions and partly because they have never before had complaints about their products, were at first unwilling to entertain your claim, but as we are very good customers of theirs and sell their products in many other markets, we have succeeded in persuading them to replace the shipment complained of by another, but they decline to bear the freight cost of the replacement and any duties to which the shipment may be liable; they ask us to emphasise the fact that they are making this replacement without charge only as a gesture of goodwill and good faith.

be sorry *bedauern*
learn *erfahren, hören*
feel *halten für*
necessary *notwendig*
complain about *sich beschweren über, reklamieren*
shipment *Versand*
preserves *Konserven*
point out *darauf hinweisen*
omit *versäumen, unterlassen*
certificate *Bescheinigung*
sign *unterzeichnen*
shipping agent *Schiffsagent, (AE Spediteur)*
attest to *bescheinigen*
condition *Zustand*
goods *pl. Ware(n)*
on arrival *bei der Ankunft, beim Eintreffen*
delay *aufschieben, warten (lassen)*
make a complaint *e-e Reklamation vorbringen*
destination *Bestimmungsort*
omission *Versäumnis, Unterlassung*
considerable *beträchtlich*
weaken *abschwächen, entkräften*
force *Nachdruck, Wert*
claim *Schadenforderung*
supplier *Lieferant*
partly *teils, teilweise*
unwilling *nicht gewillt od. bereit*
entertain *eingehen auf*
customer *Kunde*
we succeed in *es gelingt uns*
persuade *überreden*
replace *ersetzen*
decline *ablehnen*
bear the freight cost *die Frachtkosten tragen*
replacement *Ersatz(lieferung)*
duty *Zoll*
be liable to *unterliegen*
emphasise *betonen*
without charge *kostenlos*
gesture *Geste*
goodwill *Gefälligkeit*
good faith *gute Absicht*

We feel sure that you will appreciate that they have made a quite considerable concession in this matter and we have therefore agreed to their substituting a fresh consignment, and we are very pleased to have been able to achieve so much on your behalf.

Yours faithfully,
Weidner & Hahn

appreciate *würdigen, anerkennen*
quite *recht, ziemlich*
considerable *beachtlich*
matter *Angelegenheit*
agree to *zustimmen*
substitute *als Ersatz liefern*
consignment *Lieferung, Sendung*
be pleased *sich freuen*
achieve *erreichen*
on a p's. behalf *für j-n, zu j-s Gunsten*

40. Beschwerde wegen unreiner Konnossemente

Hamburg, 11th December, 19..

John Blandy Bros. Ltd.,
Exporters & Importers,
P.O. Box 217,
Kingston,
Jamaica, W.I.

Dear Sirs,

We have received your letter of 27th November enclosing

invoice
insurance policy certificate
B/L for J.B.B. 1/10 = 10 casks Jamaica Rum by S.S. 'Hornfels'.

We very much regret to see, however, that the B/L is endorsed with the statement: '3 casks repaired before shipment'.

This statement has created difficulties for us; we have sold the whole consignment 'afloat' to a customer who, unfortunately, always takes advantage of any opportunity, legitimate or otherwise, for complaint. When he sees that we do not possess a

W.I. = West Indies *Westindische Inseln*
receive *erhalten*
enclosing *mit beigefügtem, (-er) (Anm. 12)*
invoice *(Waren)Rechnung*
insurance policy certificate *Versicherungspolice*
B/L = bill of lading [*(Anm. 32d)*]
cask *Faß*
regret *bedauern*
endorse *auf der Rückseite unterschreiben od. vermerken (Anm. 12)*
statement *Vermerk, Angabe*
repair *reparieren*; *Reparatur*
shipment *Verschiffung*
create *hervorrufen, schaffen*
consignment *Lieferung, Sendung*
afloat *unterwegs*
customer *Kunde*
unfortunately *leider*
take advantage of *sich zunutze machen*
opportunity *Gelegenheit*
legitimate or otherwise *(ganz gleich ob) berechtigt od. nicht*
complaint *Beschwerde, Reklamation*
possess *besitzen*

clean *rein, ohne Vermerk*
probable *wahrscheinlich*
refuse *verweigern*
payment *Zahlung*
documents *Verschiffungspapiere, Dokumente (Anm. 32)*

'clean' B/L he will probably refuse payment against documents and hold us responsible for any leakage. The underwriters will also, most likely, take exception to the B/L.

We cannot understand why you did not obtain clean Bs/L by the simple expedient of giving the shipping company a letter of indemnity.

We must ask you take steps to see that a situation such as this does not arise again in the future, and we strongly suggest that you avoid using casks needing repair; such a precaution would remove the possibility of a recurrence in future shipments.

Yours faithfully,
W. Beyer & Sohn

hold a p. responsible *j. verantwortlich machen*
leakage *Leckage, Verlust (durch Auslaufen)*
underwriter *Versicherer*
most likely *höchstwahrscheinlich*
take exception to *Einwendungen erheben gegen*
obtain *sich beschaffen*
expedient *(Hilfs)Mittel*
shipping company *Schifffahrtsgesellschaft*
letter of indemnity *Ausfallbürgschaft (Anm. 32c)*
take steps to see *Schritte unternehmen, um sicher zu gehen*
arise *sich ergeben*
strongly *dringend*
suggest *raten, empfehlen*
avoid *vermeiden*
need repair *reparaturbedürftig sein*
precaution *Vorsichtsmaßregel*
remove the possibility *die Möglichkeit ausschalten*
recurrence *Wiederholung*
future *zukünftig*

41. Antwort auf eine Beanstandung wegen Bruchschadens

Bergedorf, 5th December, 19..

The Manager,
Crockery Department,
ABC Stores Ltd.,
23, Chittaranjan Avenue,
Calcutta,
India.

By Air Mail

Dear Sir,

Crockery, 3 cases: ABC 25, 26, 27
ex M.S. Trianon

We have received your cable of 30th November and your letter of the same date and we are sorry to learn that a great part of the

manager *Geschäftsführer*
crockery *Steingut, Geschirr*
department *Abteilung*

by air mail *mit Luftpost*
case *Kiste*
ex *aus*
receive *erhalten*
cable *Telegramm*
be sorry *bedauern*
learn *erfahren, hören*

contain *enthalten*
mentioned above *obenerwähnt*
in a damaged condition *(in) beschädigt(em Zustand)*
mate's receipt *Steuermannsquittung, Verladeschein (Anm. 32c, d)*

crockery contained in the 3 cases mentioned above reached you in a damaged condition.

As the Mate's Receipt and the B/L were clean and no damage was reported by our agent when the goods underwent customs' examination, we can only assume that the cases were badly re-packed on the conclusion of the customs' formalities.

We made a claim on the insurance company as soon as we received your complaint and we shall keep you informed of the outcome. In the meantime, a replacement consignment has already been shipped to you.

Yours faithfully,
Bergedorfer
Steingutwarenfabrik AG.

Copy by surface mail.

B/L = bill of lading *(Anm. 32d)*
clean *rein, ohne Vermerk*
damage *Schaden, Beschädigung*
report *melden, berichten*
agent *Vertreter*
goods *pl. Ware(n)*
undergo customs' examination *vom Zoll geprüft werden*
assume *vermuten*
re-pack *neu verpacken*
conclusion *Schluß, Ende*
make a claim on *e-n Anspruch erheben gegen, e-e Schadenforderung stellen an*
insurance company *Versicherungsgesellschaft*
complaint *Beschwerde, Reklamation*
keep a p. informed of *j. auf dem laufenden halten über*
outcome *Ergebnis*
in the meantime *inzwischen*
replacement consignment *Ersatzlieferung*
ship *verschiffen, -laden*
copy *Durchschlag, Kopie*
surface mail *gewöhnliche Post*

42. Verweisung eines beschwerdeführenden Kunden an den Versicherer

Düsseldorf, 26th November, 19..

Registered

Vanlaar & Desmedt, Pty.,
41-45, Burg Street,
Capetown,
Republic of South Africa.

Dear Sirs,

Consignment by S.S. Grootekerk

We have received your letter of 17th October with the survey report of the Hansa Insurance Co.'s representative referring

registered *Einschreiben*
consignment *Sendung, Lieferung*
receive *erhalten*
survey(or's) report *Gutachterbericht (Anm. 29)*
insurance company *Versicherungsgesellschaft*
representative *Vertreter*
refer to *betreffen, sich beziehen auf*

regret *bedauern*
learn *erfahren, hören*
case *Kiste*
damage *beschädigen; Schaden*

to our consignment by S.S. Grootekerk. We regret to learn that the cases arrived damaged and pilfered.

You acted correctly in having the damage ascertained and certified immediately by a recognised average surveyor, but we cannot understand why you seem to hold us responsible as neither damage nor pilferage was brought about by us.

The cases were delivered on board intact and in good order and this is confirmed by the clean Mate's Receipt. The damage and pilferage clearly occured after loading and must therefore have taken place during the voyage or upon off-loading at the port of destination or while on the docks at that port.

If you refer to the insurance policy you will see that the consignment was fully covered against damage and pilferage and the surveyor's report together with the invoice and Bs/L should be submitted to the claims agent named on the policy of our insurers, the Globus Co. of Hamburg. The insurers will, if your claim is in order, honour their obligations.

We are enclosing the surveyor's report so that you can send it to the insurers with the other relevant documents mentioned in the preceding paragraph.

Yours faithfully,
Smeets & Kothe

Enc.

pilfer *bestehlen*
act *handeln*
have ... ascertained *feststellen lassen*
certify *bescheinigen*
immediate *unverzüglich*
recognised average surveyor *anerkannter Havariekommissar (Anm. 29)*
hold responsible *verantwortlich machen*
pilferage *Diebstahl*
bring about *verursachen*
deliver *ausliefern*
intact *unbeschädigt*
in good order *in ordnungsgemäßem Zustand*
confirm *bestätigen (Anm. 18)*
clean *rein, ohne Vermerk*
mate's receipt *Steuermannsquittung, Verladeschein (Anm. 32c)*
clear *eindeutig*
occur *geschehen*
loading *Verladen*
take place *stattfinden, erfolgen*
voyage *(See)Transport*
upon off-loading *gleich nach dem Ausladen*
port of destination *Bestimmungshafen*
while on the docks *während der Lagerung auf dem Kai*
insurance policy *Versicherungspolice*
cover *decken*
invoice *(Waren)Rechnung*
Bs/L = bills of lading *(Anm. 32d)*
submit to *vorlegen*
claims agent *Versicherungsvertreter für Schadenforderungen (Anm. 31)*
insurer(s) *Versicherer, Versicherungsgesellschaft*
claim *Schadenforderung*
in order *in Ordnung*
honour one's obligations *s-n Verpflichtungen nachkommen*
enclose *beifügen (Anm. 12)*
relevant *einschlägig, sachdienlich*
documents *Papiere, Unterlagen*
mention *erwähnen*
preceding paragraph *vorangehender Absatz*

43. Beschwerde über unrichtigen Versand und schlechte Qualität

Wien, 12th July, 19..

Macdonald & Potter Ltd.,
72, Union Street,
Aberdeen, 2
Scotland.

Dear Sirs,

Order S/346 of 23rd May, 19..

The 1,000 yards of first quality, pure wool worsted glen check suiting, medium weight, ordered by us on 23rd May and about which we wrote to you on 8th July urging delivery, reached us yesterday.

To our regret, we have to inform you that the cloth does not conform to the standards in weight and quality of the sample upon which the order was based. In addition, the glen check design is not exactly as in the pattern of your sample. Some portions of the cloth appear to have suffered damage so that there are broken threads; there are also discoloured portions which appear to be the result of fading, and others which have a curious mottled appearance.

As we assume you attach importance to our custom, we trust you will agree to a reduction in the price of this consignment, and we suggest one-third of the price would be a reasonable figure.

Please confirm your willingness to agree to this rebate,

order *Auftrag, Bestellung; bestellen, in Auftrag geben*
yard *Elle (s. S. 142)*
first quality *(von) beste(r) Qualität*
pure wool *reine Wolle; reinwollen*
worsted *Kammgarn*
glen check *Glencheck*
suiting *Anzugstoff*
medium weight *mittelschwer*
urge *drängen auf*
delivery *Lieferung*
regret *Bedauern*
inform *mitteilen*
cloth *Tuch*
conform to *übereinstimmen mit, entsprechen*
standard *Norm*
in weight and quality *in (bezug auf) Gewicht u. Qualität*
sample *Muster (Anm. 1)*
base *basieren, beruhen*
in addition *außerdem*
design *Dessin, Muster*
portion *Teil, Abschnitt*
appear *scheinen*
suffer damage *Schaden erleiden, beschädigt werden*
broken threads *gebrochene od. brüchig gewordene Fäden*
discoloured *mißfarbig*
result *Folge, Ergebnis*
fade *ausbleichen*
curious *merkwürdig*
mottled *fleckig*
appearance *Aussehen*
assume *annehmen*
attach importance to *Wert legen auf*
custom *Kundschaft*
trust *überzeugt sein, hoffen*
agree to *einverstanden sein mit*
reduction *(Anm. 6)*
consignment *Lieferung, Sendung*
suggest *vorschlagen, meinen*
reasonable *vernünftig, annehmbar*
figure *Zahl*
confirm *bestätigen (Anm. 18)*
willingness *Bereitwilligkeit*
rebate *(Anm. 6)*

and on receipt of it we shall remit the balance of the invoiced price.

Yours faithfully,
Hüttenrauch & Worbs

on receipt *bei Empfang*
remit *überweisen*
balance *Rest, Saldo*
invoice *in Rechnung stellen*

44. Telegrammbestätigung und Entschuldigung wegen verspäteter Lieferung

Berlin-Neukölln, 19th May, 19..

M. & C. Bailey, Ltd.,
12, Western Road,
Cobh,
Eire.

Dear Sirs,

Electrical Appliances

In answer to your letter of 18th May, we sent you the following telegram this morning:

'Goods will be sent 20th May' and we herewith confirm this.

We very much regret that you have reason to complain of the late delivery. We assure you that we have done our utmost to speed up the dispatch, but we are so pressed by orders at present that we cannot deliver as promptly as we should wish, and this in spite of the fact that our factory is working overtime.

We apologise for keeping you waiting, as we know you want the goods urgently. To show you that we are anxious to avoid putting you to any inconvenience, we have held back earlier orders so as to give yours priority.

Eire *Irland*
electrical appliances *Elektrogeräte*
in answer to *in Beantwortung (von)*
goods *pl. Ware(n)*
herewith *hiermit*
confirm *bestätigen (Anm. 18)*
regret *bedauern*
reason *Grund, Ursache*
complain of *sich beschweren über, reklamieren*
late *(ver)spät(et)*
delivery *Lieferung*
assure *versichern*
do one's utmost *sein Äußerstes tun, alles tun*
speed up *beschleunigen*
dispatch *Versand (Anm. 12)*
be pressed *„in Druck" sein*
order *Auftrag, Bestellung*
at present *zur Zeit, augenblicklich*
deliver *liefern*
prompt *pünktlich*
in spite of *trotz*
factory *Fabrik*
work overtime *Überstunden machen*
apologise *sich entschuldigen*
keep a p. waiting *j. warten lassen*
urgent *dringend*
anxious *(darauf) bedacht, bemüht*
avoid *vermeiden*
put a p. to inconvenience *j-m Ungelegenheiten bereiten*
hold back *zurückstellen*
earlier *früher, älter*
give priority *Vorrang geben, bevorzugt behandeln od. erledigen*

---

accept *annehmen*
apology *Entschuldigung*
trouble *Mühe, Unannehmlichkeit*

Please accept our apologies for any trouble the delay has caused and our assurances that future orders you may place with us will receive our most careful and prompt attention.

Yours faithfully,
Deutsche Elektro G.m.b.H.

delay *Verzögerung*
cause *verursachen*
assurance *Zu-, Versicherung*
future *(zu)künftig*
place orders with *(j-m) Aufträge erteilen*
receive our most careful and prompt attention *von uns mit größter Sorgfalt u. Pünktlichkeit erledigt werden*

45. Antwort auf eine Beschwerde wegen Belieferung der Konkurrenz

Rheydt, November 23, 19..

Walter Cloves & Co. Inc.
157 Lower Vancouver Avenue
Montreal 6
Canada

Gentlemen:

Thanks for your letter of November 1, which, we must admit, came as somewhat of a surprise. We assure you that we have not supplied any cloth to Hudson & Co., and the sample of worsted that you sent us is certainly not of our manufacture; it is, however, a very passable imitation. Although the imitation may look right in the piece, the sample did not stand up to any of the tests we applied to it, and which you can repeat if you wish. You will find that:

admit *gestehen, zugeben*
come as somewhat of a surprise *einigermaßen überraschend kommen*
assure *versichern*
supply *liefern*
cloth *Tuch, Stoff*
sample *Muster (Anm. 1)*
worsted *Kammgarn(stoff)*
certainly *mit Gewißheit*
manufacture *Fertigung, Fabrikation*
passable *leidlich, passabel*
imitation *Nachahmung*
in the piece *im Stück*
stand up to a test *e-r Prüfung standhalten*
apply to *anwenden auf*

(1) the imitation shrinks and ours does not;

(2) there is a proportion of cotton in every thread of the imitation whereas ours is pure wool throughout;

shrink *einlaufen*
proportion *Anteil*
cotton *Baumwolle*
thread *Faden*
whereas *während, wohingegen*
pure wool *reine Wolle*
throughout *ganz u. gar, völlig*

(3) the color of the imitation is not fast and runs after two or three wettings; ours is fast;

if you subject the imitation and ours to an endurance test, you will find that ours is approximately three times as durable and is much better wearing.
We trust that the above will convince you that we have not offered the worsted supplied to you to any of your competitors, and we can assure you that we would not do so.

Truly yours,
Werner Rhode

fast (color *AE*) *(wasch-) echt(e Farbe)*
run *ausgehen, verlaufen*
wetting *Anfeuchtung*
subject *unterwerfen, -ziehen*

endurance test *Haltbarkeitsprüfung*
approximate *annähernd*
durable *haltbar*
wear *(Anm. 20)*
trust *überzeugt sein, hoffen*
the above *Obiges*
convince *überzeugen*
offer *anbieten*

competitor(s) *Konkurrent(en, Konkurrenz)*

46. Beantwortung einer Beschwerde über zu hohe Preise

Berlin, Feb 25, 19..

A. & E. Chapoteau et Cie,
P.O. Box 177,
Port-au-Prince,
Haiti.

Gentlemen:

Thank you for your report of Feb 3 but we regret to learn that you find our prices too high.
You really cannot expect a firm always to be cheaper than its competitors; many factors enter into the calculation of price and quality and other things being equal, the best that can be expected is that a firm should achieve, over a period, an average price for its products which is lower than the average prices of its rivals.

et Cie *(franz.) und Co.*
report *Bericht*
regret *bedauern*
learn *erfahren, hören*
expect *erwarten (von)*
firm *Firma*
competitor(s) *Konkurrent(en, Konkurrenz)*
enter into *einbezogen werden in*
calculation of price *Preiskalkulation*
quality and other things being equal *bei unveränderter Qualität u. unveränderten anderen Voraussetzungen*
achieve *erreichen*
over a period *über e-n gewissen Zeitraum hin*
average *Durchschnitt(s-)*
product *Erzeugnis*
rival(s) *Konkurrent(en, Konkurrenz)*

impossible *unmöglich*
selling price *Verkaufspreis*
to the last fraction *auf den letzten Pfennig genau*
conversant *vertraut*
requirement *Anforderung*

It is impossible for a firm to calculate a selling price to the last fraction without first being fully conversant with the exact requirements of its customers, quantities and market situation. We could offer goods at 'cut-throat' prices in an attempt to corner the local market, but the results of this would be disastrous in the long run; we should be unable to continue supplying at these uneconomic rates and would be unable to fulfill orders, and you would sever connections with us.
We suggest that you order from us at 'best possible prices', and as long as your counter-offers remain within reasonable limits and do not depart too much from our original quotations, there should be nothing to prevent a profitable business association between us.
Please let us have your comments on the points we have made.

Yours truly,
Heinrich Günther & Sohn

customer(s) *Kunde(n, Kundschaft)*
offer *anbieten*
goods *pl. Ware(n)*
cut-throat *halsabschneiderisch*
attempt *Versuch*
corner the local market *den dortigen Markt aufkaufen*
results *Folgen*
disastrous *verheerend*
in the long run *auf lange Sicht*
continue supplying *auf die Dauer liefern*
uneconomic rates *unwirtschaftliche Preise (Anm. 8)*
fulfill *(AE) erfüllen, ausführen*
order *Auftrag; bestellen*
sever connections *die Verbindung(en) lösen*
suggest *vorschlagen*
counter-offer *Gegenangebot*
remain *bleiben, sich halten*
reasonable limits *angemessene Grenzen*
depart *abweichen*
original *ursprünglich*
quotation *Preisansatz*
prevent *verhindern*
profitable *gewinnbringend*
business association *Geschäftsverbindung*
let a p. have *j-m zukommen lassen*
comment(s) *Stellungnahme*
the points we have made *die von uns angeführten Punkte*

47. Verweisung eines beschwerdeführenden Kunden an die Reederei

Hamburg, 20th May, 19..

Dujardin & Delfosse et Cie.,
Chase Bank Building,
Bangkok,
Thailand.

Dear Sirs,
We regret to learn from your letter of 26th April that the consignment of electric toasters

et Cie. *(franz.) und Co.*
regret *bedauern*
learn *erfahren, hören*
consignment *Lieferung, Sendung*
electric *elektrisch*
toaster *(Brot)Röster*

---

deliver *(aus)liefern*
63 short *(um) 63 zu wenig*
note *zur Kenntnis nehmen*
lodge a claim with *e-e Reklamation, Schadenforderung einreichen bei (Anm. 31)*

by M.S. 'Indian Star' was delivered 63 short. We note that you have already lodged a claim with the local representative of the shipping company.

In reply to your query about the possibility of the shortage having existed when the goods were shipped at Hamburg, we have to inform you that the parcel, according to the Mate's Receipt, went on board complete and correctly marked with the agreed number, and no indemnity letter for shortage was given to us by the shippers in Hamburg. In this case, the shippers are certainly the party responsible for any shortage in the consignment.

We are sorry that we cannot ask the shipping company to expedite settlement as the matter is out of our hands and rests between you and the Bangkok representative who holds the B/L.

We have taken up with the manufacturers the question of the marking of the cases and we have put before them your suggestion that insufficient care was taken with the marking and this resulted in partial obliteration of the distinguishing marks. They have assured us that they will be more careful in future.

We are sorry that this difficulty should have occurred, but we feel sure that you understand that the responsibility does not lie with us.

Yours faithfully,
Petersen, Sauer & Co.

local *am Ort, dortig*
representative *Vertreter*
shipping company *Schifffahrtsgesellschaft, Reederei*
reply *Erwiderung, Beantwortung*
query *Anfrage*
possibility *Möglichkeit*
shortage *Fehlzahl*
goods *pl. Ware(n), Güter*
ship *verschiffen, verladen*
parcel *Sendung*
according to *laut*
mate's receipt *(Anm. 32c)*
correctly marked *genau beschriftet od. bezeichnet*
agree *übereinkommen, vereinbaren*
indemnity letter *Ausfallbürgschaft*
shipper *Verschiffer, -frachter*
case *Fall*
party *Partei*
responsible *verantwortlich*
expedite *beschleunigen*
settlement *Beilegung, Schlichtung*
rest between you and ... *Ihnen und ... überlassen bleiben, von Ihnen und ... abhängen*
hold *innehaben, im Besitz sein von*
B/L = bill of lading *(Anm. 32d)*
take up a th. with a p. *et. bei j-m aufgreifen*
manufacturer *Hersteller, Fabrikant*
question *Frage*
marking *Beschriftung, Markierung*
case *Kiste*
put a. th. before a.p. *j-m et. vorlegen*
suggestion *Vorschlag*
insufficient *ungenügend*
care *Sorge, Sorgfalt*
result in *zur Folge haben*
partial *teilweise*
obliteration *Auslöschung, Verwischung*
distinguishing mark *Kennzeichen*
assure *versichern*
careful *vorsichtig, sorgfältig*
difficulty *Schwierigkeit*
occur *vorkommen, auftreten*
responsibility *Verantwortung*

48. Vergütung einer Zollstrafe

Braunschweig, 8th January, 19..

The Managing Director,
The Industrial Development
Co. Ltd.,
98, Robinson Road,
Singapore.

Dear Sir,

Customs' Charge on Floor Tiles

Thank you for your letter of 2nd December, in which you informed us of having had to pay an additional customs' charge on our shipment to you of plastic floor tiles by M.S. "Indian Merchant", because the consular invoice only mentioned the weight of the articles but not their measurement in square metres.

The reason for this was a clerical error on the part of the Bremen forwarding agents, to whom we had given the correct information as we are well aware of the requirements of the Singapore customs and we know that the duty on tiles is charged on surface area.

We are enclosing our cheque for 180 Dollars Singapore as reimbursement for the charges paid by you and we hope that you will overlook this matter and excuse the mistake, and not allow it to interfere with the relationship between us and your firm.

Yours faithfully,
Niedersächsische
Plastikplattenfabrik AG.

Enc.

managing director *Geschäftsführer, -leiter*
development *Erschließung, Aufbau, Entwicklung*

customs' charge *Zollgebühr*
floor tile *(Fuß)Bodenplatte*
inform *benachrichtigen*
additional *zusätzlich*
shipment *Ladung, Sendung*
consular invoice *(Anm. 32i)*
mention *erwähnen*
weight *Gewicht*
measurement *Maß*
square metre *Quadratmeter*
reason *Grund*
clerical error *verwaltungstechnischer Fehler*
on the part of *seitens*
forwarding agent *Spediteur*
information *Auskunft, Auskünfte (Anm. 3)*
to be well aware of *sehr wohl kennen*
requirement *Erfordernis*
customs *Zoll(behörde)*
duty *Zoll*
charge on *berechnen nach*
surface area *Oberfläche*
enclose *beifügen (Anm. 12)*
cheque *Scheck*
reimbursement *Rückzahlung, Deckung*
matter *Angelegenheit*
excuse *entschuldigen*
mistake *Irrtum*
interfere with *beeinträchtigen*
relationship *Verbindung, Verhältnis*
firm *Firma*

49. Unvorhergesehener Zahlungsausfall bei einer Versicherungspolice

London, 15th October, 19..

W. Degenhardt G.m.b.H.,
Grafenberger Straße 62,
4 Düsseldorf,
W. Germany.

Dear Sirs,

Policy No. 421 3543

With reference to your letter of 6th October, we are enclosing herewith a detailed statement showing how the arrears of premium outstanding in connexion with your policy for the coverage of your shipments from Goole to Hamburg have arisen.

Your remittances of £52 made in July and September from Germany suffered Bank charges of £3 and the amount we received totalled £101 instead of £104.

We suggest that you add £3 to the next premium when due and perhaps it would avoid further difficulties if you gave strict instructions to your German bank to pay all charges incurred in the transfer of funds from one country to the other.

Yours faithfully,
Mercantile and Export
Insurance Co.,
Assistant Manager.

Enc.

policy *Versicherungspolice*
reference *Bezugnahme*
enclose *beifügen (Anm. 12)*
detailed *einzeln aufgeführt, spezifiziert*
statement *Aufstellung*
arrears of premium *rückständige Prämien*
outstanding *ausstehend*
connexion *Verbindung*
coverage *Deckung*
shipment *Ladung, Sendung*
arise *entstehen*
remittance *Geldsendung, Übersendung*
a th. suffers bank charges *auf et. werden Bankgebühren erhoben*
amount *Betrag*
receive *erhalten*
total *sich (im ganzen) belaufen auf*
suggest *vorschlagen*
add *hinzufügen*
due *fällig*
avoid *vermeiden*
difficulty *Schwierigkeit*
strict *genau*
instruction *Anweisung*
incur entstehen
transfer *Überweisung*
funds *Gelder*

mercantile *Handels-*
insurance company *Versicherungsgesellschaft*
assistant manager *stellvertretender Direktor*

50. Erklärung einer Bank über die Anrechnung von Gebühren bei einer Auslandsüberweisung

London, 21st October, 19..

W. Degenhardt G.m.b.H.,
Grafenberger Straße 62,
4 Düsseldorf,
W. Germany.

Dear Sirs,

Thank you for your letter of 18th October, 19.. regarding the payment order for £52 made to the Mercantile and Export Insurance Co., 3, Hartshore Street, London, S.W.1.

We enclose a photostatic copy of the payment order as received from the Handelsbank AG. of Düsseldorf, dated 28th September, 19.. and would point out that it states clearly 'please pay without charges to us'. On these instructions we effected payment after deducting our usual commission.

We suggest that you take this matter up with the Handelsbank of Düsseldorf who appear to have erred and not with us.

Yours faithfully,
Barclays Bank Ltd.,
Assistant Manager.

Enc.

regard *betreffen*
payment order *Zahlungsauftrag, -anweisung*
made to *(Zahlungsanweisung) geleistet an*
mercantile *Handels-*
insurance company *Versicherungsgesellschaft*
enclose *beifügen (Anm. 12)*
photostatic copy *Fotokopie*
receive *erhalten*
date *datieren*
would point out *möchten darauf hinweisen*
state *besagen*
charge to *Gebühr zu Lasten von*
instruction *Anweisung*
effect payment *Zahlung leisten*
deduct *abziehen*
commission *Provision (Anm. 10)*
suggest *vorschlagen*
take a matter up *e-e Angelegenheit besprechen, bereinigen*
appear *scheinen*
err *irren*
assistant manager *stellvertretender Direktor*

51. Beantwortung einer Reklamation wegen überseeischer Zollstrafe

Hamburg, 15th July, 19..

T.C. Burnside & Co. Ltd.,
General Contractors,
117a, Allenby Street,
P.O. Box 381,
Wellington,
New Zealand.

Dear Sirs,

We have received your letter of 8th June, and we regret to learn that you have incurred a customs' fine for under-declaring the weight of the plaster shipped by us to you from Hamburg. We have investigated the matter at our end very thoroughly and we can now report that:

the weight of this consignment was ascertained at the works by automatic precision balances. An examination of the balances on 12th July showed them to be accurate and in good working order, and as they have not been adjusted or overhauled between the date of weighing your consignment and 12th July, there is no reason to assume that they were inaccurate at the former date. The goods were weighed at the quay before loading, and the figure checked with the works' weight.

We are enclosing:

1. Original weight note from works
2. Certificate of accuracy of balances used

contractor *Bauunternehmer, Unternehmer*
receive *erhalten*
regret to learn *mit Bedauern erfahren od. hören*
incur *auferlegt bekommen*
customs *Zoll*
fine *(Geld)Strafe*
under-declare *zu gering, zu niedrig angeben*
weight *Gewicht*
plaster *Gips*
ship *versenden, verschiffen*
investigate *untersuchen*
matter *Sache, Angelegenheit*
at our end *hier, bei uns*
thoroughly *gründlich*
report *berichten*
consignment *Lieferung, Sendung*
ascertain *feststellen, ermitteln*
works *sg. u. pl. Werk(e), Fabrik(en)*
automatic precision balance *automatische Präzisionswaage*
(in)accurate *(un)genau*
in good working order *voll betriebsfähig, in voll betriebsfähigem Zustand*
adjust *einstellen, tarieren*
overhaul *überholen, instandsetzen*
weigh *wiegen*
reason *Grund, Ursache*
assume *annehmen*
goods *pl. Ware(n), Güter*
quay *Kai*
loading *Verladen*
figure *Zahl*
check with *übereinstimmen mit*
enclose *beifügen (Anm. 12)*
weight note *Gewichtsschein*
certificate *Bescheinigung*
accuracy *Genauigkeit*

3. Weight certificate of Hamburg Quay Administration of goods consigned to you by M.S. "Hyperion".

If we assume that there was no error in the weighing by the customs, then the only possible explanation is that the extra weight must have been caused by the absorption of water from the humidity of the air when the ship was passing through tropical waters. There was no deliberate underestimate of weight by us, or any attempt to deceive the customs.

We feel sure that, if you present the enclosed documents to the customs, they will waive the fine out of consideration for an unwitting error in the weight.

Yours faithfully,
Friedrich Lehmann AG.

Enc. 3

quay administration *Kai-, Hafenverwaltung*
consign *senden*

error *Irrtum*
explanation *Erklärung*
cause *verursachen*
absorption of water *Wasseraufnahme*
humidity of the air *Luftfeuchtigkeit*
pass through *durchfahren*
tropical waters *tropische Gewässer*
deliberate *absichtlich*
underestimate *Unterschätzung; unterschätzen*
attempt *Versuch*
deceive *täuschen*
feel sure *sicher sein*
present *einreichen, vorlegen*
waive *fallen lassen, verzichten auf*
out of consideration for *mit Rücksicht auf*
unwitting *unwissentlich, unabsichtlich*

52. Unkluge Verladung vor Erlangung der Importerlaubnis

Hamburg, 30th January, 19..

Badía y Lamporta,
Rioja, 45,
Sevilla,
Spain.

Dear Sirs,

200 cases Oranges per
S.S. "Lahneck"

We have received your letter of 24th January advising us of the above shipment.

We are surprised and annoyed at your premature shipping of this consignment before we had

case *Kiste*
receive *erhalten*
advise of *benachrichtigen von, avisieren*
above *obig*
shipment *Ladung, Sendung, Lieferung*
surprise *überraschen, erstaunen*
be annoyed at *verärgert sein über*
premature *vorzeitig*
shipping *Versendung*
consignment *Lieferung, Sendung*

obtain *erhalten, erlangen*
necessary *notwendig*
import licence *Einfuhrgenehmigung (Anm. 17)*
several *mehrere*

obtained the necessary import licence. We may have to wait several weeks for this licence and in the meantime the goods will have to be warehoused at considerable cost in the Hamburg Free Port, where they may incur deterioration. You must be aware that shipments should never be made to Germany until the agent of the importer has informed you that the import licence has been obtained. Spain is not the only country shipping citrus fruits to Germany; each exporting country has its own quotas and the quantities already imported within a given period determine whether or not an individual licence is granted, postponed or refused.

If we have to wait two or three months for this licence we might suffer a sizable loss if the maximum price accepted by the Control Office were to fall to a figure below your invoiced price.

By shipping this consignment prematurely, you have committed an imprudence which might turn out prejudicial to your own interests. We shall do our best to obtain a licence for these floating goods, but we strongly request that you refrain from dispatching goods in the future until notification has reached you that all the formalities have been completed.

We shall let you know the result of this affair in due course.

Yours faithfully,
P.C. Petersen & Co.

in the meantime *inzwischen*
goods *pl. Ware(n)*
warehouse *lagern*
at considerable cost *mit beträchtlichem Kostenaufwand*
free port *Freihafen*
incur deterioration *verderben*
be aware *sich im klaren sein über, wissen*
agent *Handelsagent, Vertreter*
quota *Kontingent*
within a given period *innerhalb e-r bestimmten Zeit*
determine *bestimmen, entscheiden*
whether or not *ob ... oder nicht*
individual *einzeln*
grant *bewilligen*
postpone *aufschieben, zurückstellen*
refuse *verweigern*
suffer *erleiden*
sizable *beträchtlich, ansehnlich*
loss *Verlust*
maximum price *Höchstpreis*
accept *annehmen, anerkennen*
control office *Überwachungsstelle*
be to *sollen*
were to *(Konjunktiv) sollte*
figure *Ziffer, Zahl, Betrag*
invoiced price *Rechnungspreis*
commit an imprudence *e-e Unvorsichtigkeit begehen*
turn out prejudicial to *sich nachteilig auswirken auf*
floating *schwimmend, unterwegs befindlich*
strong *energisch*
request *bitten, verlangen*
refrain *Abstand nehmen*
dispatch *absenden (Anm. 12)*
notification *Benachrichtigung*
complete *erledigen, abschließen*
result *Ergebnis*
affair *Angelegenheit*
in due course *zu gegebener Zeit*

53. Mahnschreiben

Bielefeld, 15th July, 19..

Slater & Sinclair, Ltd.,
45, Lower Mosley Street,
Manchester, 2
England.

Dear Sirs,

Upon examination of your account I notice that an amount of £168.69 appears to be outstanding up to 30th June, 19..

Formal arrears notices have already been sent to you, but these have brought no response, and I am wondering whether they have failed to reach you, or whether there is some other reason which would explain the non-payment.

When an account reaches this stage, it is the Company's customary policy to consider taking legal action to recover the amount due to them, but it seems likely that the debt has accrued as a result of an oversight which can be easily explained.

I am, therefore, writing to you personally to enquire the reason for non-payment. If you dispute the amount outstanding or if you have any complaint regarding our service, please let me know and I shall be glad to make a full investigation. I must, however, ask you to write to me – or make the required payment – within fourteen days of the date of this letter. Failing this, I shall have no option but to pass the

upon examination of your account *bei Prüfung Ihres Kontos*
notice *bemerken*
amount *Betrag*
appear *scheinen*
be outstanding *ausstehen*
arrears notice *Mahnung*
response *Erwiderung*
wonder *sich fragen*
fail to reach *nicht erreichen*
reason *Grund*
explain *erklären*
non-payment *Nicht(be)zahlung*
stage *Stadium, Punkt*
customary *üblich*
policy *Geschäftspolitik*
consider *in Erwägung ziehen*
take legal action *gerichtlich vorgehen*
recover *wieder erhalten, eintreiben*
due *schuldig*
likely *wahrscheinlich*
debt *Schuld*
accrue *entstehen*
result *Ergebnis, Folge*
oversight *Versehen*

enquire *anfragen, erfragen (Anm. 12)*
dispute *bestreiten, in Frage stellen*
complaint *Beschwerde*
regard *betreffen*
service *Dienst(e), Bedienung*
make a full investigation *e-e gründliche Untersuchung anstellen*
require *(er)fordern*

failing this *andernfalls*
option *Wahl*
pass *weiterleiten*

papers to our Debt Recovery Department for further action.

Yours faithfully,
for
W. Eiselt & Co., AG.
Accounts Manager

N.B. Any payments made after 30th June, 19.. have not been taken into consideration.

debt recovery *Schuldeneintreibung*
department *Abteilung*
further *weiter(er, -e, -es)*
action *sg. Maßnahmen*
accounts manager *Hauptbuchhalter*
take into consideration *berücksichtigen*

54. Erneutes Mahnschreiben

Bielefeld, 31st July, 19..

Slater & Sinclair, Ltd.,
45, Lower Mosley Street,
Manchester, 2
England.

Dear Sirs,

We much regret that we have received no reply to our letter of 15th July, 19.. up to the present.

We are sorry that we cannot allow the bill for £168.69 to remain unpaid indefinitely and we are therefore compelled, because of your silence, to take the step of having the sum in question collected through our bank by sight draft plus the collecting charges.

We regret that we are, until this matter is settled, unable to fulfil your order No. 3277 or accept further orders from you.

If you have, however, in the meantime paid the bill, please let us know straight away so that we can look into the matter.

Yours faithfully,
for
W. Eiselt & Co., AG.
Manager, Debt Recovery Dept.

regret *bedauern*
receive *erhalten*
reply *Antwort*
up to the present *bisher*
allow *gestatten, zulassen*
bill *Rechnung*
remain unpaid *unbezahlt bleiben*
indefinite *auf unbestimmte Zeit*
compel *zwingen*
because of *wegen*
silence *Stillschweigen*
take the step *den Schritt unternehmen*
sum in question *fragliche Summe*
collect *eintreiben, einziehen*
sight draft *Sichtwechsel (Anm. 39)*
collecting charges *Eintreibungsgebühren*
matter *Angelegenheit*
settle *erledigen, regeln*
be unable *nicht in der Lage sein*
fulfil *ausführen*
order *Auftrag*
accept *an-, entgegennehmen*
further *weiter(er, -e, -es)*
in the meantime *inzwischen*
straight away *unverzüglich*
look into the matter *der Sache nachgehen, die Angelegenheit untersuchen*
manager *Direktor, Leiter*
debt recovery *Schuldeneintreibung*
dept. = department *Abteilung*

55. Drittes Mahnschreiben und Klageandrohung

Bielefeld, 15th August, 19..

Slater & Sinclair, Ltd.,
45, Lower Mosley Street,
Manchester, 2
England.

Dear Sirs,

We have just been advised by our bank in Manchester that you have not honoured our sight draft for £173.69.

We are very surprised at this, the more so as, up to the present, our relations with you have always been good.

We cannot understand why you have not replied to our many communications and we must make a final request for an explanation from you by return of post as to why you have not remitted the amount and how you intend to settle this outstanding obligation.

Should we fail to receive your reply by the 22nd August, we shall be reluctantly compelled to take such steps as may be necessary to recover the amount, and we shall be forced to have recourse to legal processes in order to do this.

Yours faithfully,
for
W. Eiselt & Co., AG.
Managing Director

advise *mitteilen, benachrichtigen*
honour *einlösen*
sight draft *Sichtwechsel (Anm. 39)*
surprise *überraschen, erstaunen*
the more so *um so mehr*
up to the present *bisher*
relation *Geschäftsverbindung, Beziehung*
reply *antworten*
communication *Mitteilung*
make a request for *verlangen*
final *endgültig, letztmalig*
explanation *Erklärung*
by return of post *postwendend*
as to *bezüglich, darüber*
remit *überweisen*
amount *Betrag*
intend *beabsichtigen, gedenken*
settle *regeln, begleichen*
outstanding *ausstehend*
obligation *Verpflichtung*
fail to receive *nicht erhalten*
by *bis (spätestens)*
reluctant *ungern, wider Willen*
compel *zwingen*
take steps *Schritte unternehmen*
necessary *notwendig*
recover *eintreiben*
force *zwingen, nötigen*
have recourse to legal processes *den Rechtsweg beschreiten*
managing director *Geschäftsführer, -leiter*

56. Beantwortung einer Zahlungsaufforderung

Kiel, 17th October, 19..

Huntington & Soames Ltd.,
56, Great Tower Street,
London, E.C.3
England.

Dear Sirs,

Statement of Account for 31st August, 19..

We have just received your letter of 15th October, requesting us to settle the above account amounting to £75 by return of post.

We regret that we have not been able to pay your recent account with the usual promptitude. The present bad business situation is doubtlessly known to you; little is being earned in our field of enterprise, and payments to us have fallen into arrears. Some of our largest customers have temporarily suspended payments and this has resulted in our firm having financial difficulties. The firm has, however, resources sufficient to meet all obligations, but as you can quite well appreciate we have no wish to realise on our assets until such drastic step becomes really necessary, as by so doing we should incur a loss.

We are, therefore, asking you for an extension of credit in order to await an amelioration of the present depressed situation.

In the meantime, to show our goodwill and the seriousness of

statement of account *Konto-, Rechnungsauszug*
receive *erhalten, bekommen*
request *bitten, auffordern, ersuchen*
settle *erledigen, begleichen*
above *obig*
account *Rechnung*
amounting to *sich belaufend auf, über den Betrag von*
by return of post *postwendend*
regret *bedauern*
recent *kürzlich eingegangen*
usual *üblich*
promptitude *Pünktlichkeit*
present *gegenwärtig, augenblicklich*
business situation *Geschäftslage*
doubtlessly *ohne Zweifel*
earn *verdienen*
field of enterprise *Geschäftsbereich, -zweig*
payment *(Be)Zahlung*
fall into arrears *in Verzug geraten, rückständig werden*
customer *Kunde*
temporary *vorübergehend*
suspend *einstellen*
result in *dazu führen*
difficulty *Schwierigkeit*
resources *pl. Geldmittel, Reserven*
sufficient *genügend*
meet an obligation *e-r Verpflichtung nachkommen*
appreciate *einsehen, verstehen*
realise on assets *Vermögenswerte flüssig machen*
step *Schritt, Maßnahme*
incur *erleiden*
loss *Verlust*
extension of credit *Kreditverlängerung*
amelioration *Verbesserung*
depressed situation *Depression, Flaute*
in the meantime *inzwischen*
goodwill *guter Wille*
seriousness *Ernsthaftigkeit*

our intentions, we have instructed our bank to transfer £30 to your credit as part payment of the outstanding debt.

Yours faithfully,
Otto Loss & Co.

intention *Absicht*
instruct *anweisen*
transfer *überweisen*
to your credit *zu Ihren Gunsten*
part payment *Abschlagszahlung*
outstanding *ausstehend*
debt *Schuld*

57. Auftrag zur Ausübung einer Gewichts- und Bemusterungsüberwachung

Bremerhaven, 11th April, 19..

The Manager,
The Chartered Company of Lightermen & Insurance Brokers,
59, Dock Road,
Southampton,
England.

Dear Sir,

Consignment Cotton
by S.S. 'Oakman'

We are expecting the arrival at Southampton of a consignment of cotton by the S.S. 'Oakman' out of Houston, Texas. It comprises 50 bales of cotton, about 10,000 kilos. Please supervise weighing and sampling on our behalf.

The consignment was sold c.i.f. Southampton to Vanderlinen & Co., Rotterdam; please advise this firm in good time of the arrival of the goods.

We should like you to take a sample from each bale as you usually do, and we also require 10 test samples as the cotton comes from a new supplier. Please inform the receiver accordingly and draw these samples with his

manager *Geschäftsführer*
chartered company *(Anm. 38)*
lighterman *Auslader, Löscher*
insurance broker *Versicherungsmakler*

consignment *Lieferung, Sendung*
cotton *Baumwolle*
expect *erwarten*
arrival *Ankunft*
comprise *umfassen, sich zusammensetzen aus*
bale *Ballen*
supervise *beaufsichtigen*
weighing *Wiegen*
sampling *Bemusterung (Anm. 1 u. 28)*
on our behalf *für uns, in unserem Namen*
c.i.f. *(Anm. 22)*
advise *mitteilen, benachrichtigen*
in good time *rechtzeitig*
goods *pl. Ware(n), Güter*
usual *gewöhnlich, üblich*
require *brauchen, benötigen*
test sample *Probemuster (Anm. 28)*
supplier *Lieferant*
receiver *Empfänger*
accordingly *dementsprechend*
draw *entnehmen*

consent *Einwilligung*
in case *falls*
buyer *Käufer*

consent and before weighing, and send them to us by post.

In case the buyer wishes to tare, try and do your best to safeguard our interests and to ensure, as far as you can, that the short weight of the last shipment is not repeated.

Several receivers have recently complained of excessive damp; in our opinion the complaint has been without justification, but please bear this point in mind.

We are awaiting the receipt of your checking report and weight note.

Yours faithfully,
Krieger & Wirth

tare *tarieren, Tara in Abzug bringen*
safeguard a p's. interests *j-s Interessen wahren*
ensure *sicherstellen*
short weight *Untergewicht*
shipment *Sendung, Lieferung*
repeat *wiederholen*
several *mehrere, verschiedene*
recent *kürzlich*
complain of *sich beschweren od. beklagen über*
excessive damp *übermäßig hohe(r) Feuchtigkeit(sgehalt)*
opinion *Meinung*
complaint *Beschwerde*
justification *Berechtigung*
bear in mind *im Auge behalten*
receipt *Empfang*
checking report *Kontrollbericht (Anm. 7)*
weight note *Gewichtsschein*

58. Auftrag zur Analysierung einer Warenprobe

Köln, 19th March, 19..

The Director,
Government Laboratory,
17, Lower Thames Street,
London, E.C.3
England.

Dear Sir,

We have instructed Messrs. Sergeant & Jeffrey, 7, Little Tichfield Street, London, W.1, to send you samples from a shipment of 100 tons of Bone Meal recently bought by us, and we should be grateful for your analysis of the samples.

The Bone Meal should contain at least 4% Nitrogen and 20% Phosphoric Acid. The samples should bear the seal of Messrs. Sergeant & Jeffrey as well as that of Gorse &

government laboratory *staatliches Laboratorium*
instruct *beauftragen, anweisen*
sample *Probe (Anm. 1)*
shipment *Ladung, Lieferung*
ton *Tonne*
bone meal *Knochenmehl*
recent *kürzlich*
buy *kaufen*
grateful *dankbar*
contain *enthalten*
at least *wenigstens, mindestens*
nitrogen *Stickstoff*
phosphoric acid *Phosphorsäure*
bear *tragen*
seal *Siegel*

Hawley of Dublin, from whom we bought the consignment.

We have also instructed Messrs. Sergeant & Jeffrey to pay your fees and we should be grateful if you sent them your account and also the certificate of analysis in duplicate.

If you require further information, please write direct to us.

Yours faithfully,
Schirmer & Menzel

consignment *Lieferung, Sendung*

fee *Gebühr*
account *Rechnung*
certificate of analysis *(Analysen)Gutachten*
in duplicate *in doppelter Ausfertigung*
require *(er)fordern, benötigen*
further *weiter(e, -er, -es)*
information *Auskunft, Auskünfte, Angabe(n) (Anm. 3)*

59. Ernennung eines überseeischen Schiedsrichters

Berlin, 9th January, 19..

Armstrong & Jones,
Lakshimi House,
The Mall,
Amritsar,
India.

Dear Sirs,

We are having difficulties with Messrs. Krishna & Friend Co., Guru Bazaar, Amritsar, about a delivery of textiles. As they insist on a survey, we are writing to ask you to be good enough to act as arbitrators in this matter on our behalf. You will find all the particulars of the case in the enclosure.

Our main argument is that on comparing the basic pattern with the shipping samples, we could find no variation exceeding the permitted limits. Our supplier's competing manufacturer is also of the same opinion. We therefore assume we are correct

difficulty *Schwierigkeit*
delivery *Lieferung*
textiles *Textilwaren*
insist on *bestehen auf*
survey *Besichtigung (Anm. 29)*
be good enough to *so freundlich sein, zu*
act as *handeln als, tätig sein als, fungieren als*
arbitrator *Schiedsrichter (Anm. 30)*
matter *Angelegenheit*
on our behalf *für uns*
particulars *Einzelheiten*
case *Fall*
enclosure *Anlage (Anm. 12)*
compare *vergleichen*
basic pattern *Basismuster (Anm. 1)*
shipping sample(s) *Verschiffungsmuster (Anm. 1)*
variation *Abweichung*
exceed *überschreiten*
permit *erlauben*
limit *Grenze*
supplier *Lieferant*
competing manufacturer *Konkurrenzfabrikant*
opinion *Meinung*
assume *annehmen*
be correct in (...ing) *mit Recht ... (et. tun)*

in claiming that the customer's objection was arbitrary and was made with the aim of obtaining a reduction because of the prevailing low yarn prices.

Our agreement with the customer provides that he must let our arbitrator know the name of his arbitrator within 10 days of making the complaint; the latter must also be a member of the Amritsar Chamber of Commerce; failing this, he cannot maintain the claim for a survey. The survey expenses, as is usual, have to be borne by the losing party.

We await your answer and we assure you that in similar circumstances we shall always be prepared to act for you.

Yours faithfully,
Sanders & Bolten

Enc.

claim *behaupten*
customer *Kunde*
objection *Einwand*
arbitrary *willkürlich*
aim *Ziel*
obtain *erlangen*
reduction *Ermäßigung (Anm. 6)*
prevail *(vor)herrschen*
yarn price *Garnpreis*
agreement *Abkommen, Vereinbarung*
provide *vorsehen*
complaint *Klage, Beschwerde*
the latter *letztere(r, -es)*
member *Mitglied*
chamber of commerce *Handelskammer*
failing this *andernfalls*
maintain *aufrechterhalten*
claim *Forderung*
survey expenses *Besichtigungskosten*
bear *tragen*
losing party *unterliegende Partei*
assure *versichern*
in similar circumstances *unter ähnlichen Umständen*
be prepared *bereit sein*

60. Auftrag zur Ausübung einer Warenarbitrage

Hamburg, 5th December, 19..

Webb, Son & Rigby Ltd.,
131, Cotton Exchange Buildings,
Liverpool, 16
England.

Dear Sirs,

We have recently sold to Verpalen & de Leeuw of Rotterdam, a consignment: JWAZ 1/100 of 100 bales of Good Middling Cotton, shipped on S.S. North Star, c.i.f. Le Havre with Liverpool Arbitration in accordance with the conditions of Contract 14 of the Liverpool Cotton Association.

cotton exchange *Baumwollbörse*
recent *kürzlich*
sell *verkaufen*
consignment *Ladung, Lieferung, Sendung*
bale *Ballen*
good middling *gute Mittelsorte*
ship *verschiffen, versenden*
c.i.f. *(Anm. 22)*
arbitration *Arbitrage, Schiedsgericht (Anm. 30)*
in accordance with *entsprechend*
condition *Bedingung*
contract *Vertrag*
cotton association *Baumwollhändlerverband*

The buyers have claimed arbitration against this consignment and have forwarded the sealed arbitration samples to Wheeler & Lawson Ltd., of Liverpool.

Please be kind enough to act on our behalf in this affair and let us know, as soon as possible, the result of the arbitration.

We trust you will be able to come to an understanding with the adverse party so that it will not be necessary to proceed further and appoint an umpire.

Yours faithfully,
Müller & Holm

buyer *Käufer*
claim arbitration *Arbitrage beantragen*
forward *senden*
seal *versiegeln*
sample *Muster (Anm. 1 u. 28)*
be kind enough to *so freundlich sein, zu*
act *handeln, tätig sein*
on our behalf *für uns*
affair *Angelegenheit*
result *Ergebnis*
trust *darauf vertrauen, hoffen*
come to an understanding *zu e-r Einigung gelangen*
adverse party *Gegenpartei*
proceed further *weitergehen*
appoint an umpire *e-n Obmann ernennen*

61. Bericht eines Vertreters über Beanstandung einer Ware und Arbitrageanmeldung

Hamburg, 10th November, 19..

Reginald C.F. Jones, Esq.,
Exporter,
P.O. Box 63,
Belize,
Belize.

Dear Sir,

M.B. 100 bags Coffee for
Alfred Müller & Co., Hamburg,
by S.S. "Maltese Cross"

I regret to have to inform you that the clients are not satisfied with the quality of the coffee in the above-mentioned shipment.
I noticed the defect about which they complained when I examined the shipping samples, and it was

bag *Sack*
regret *bedauern*
client *Kunde*
satisfied *zufrieden*
above-mentioned *obenerwähnt*
shipment *Sendung*
notice *bemerken*
defect *Mangel*
complain about *sich beklagen über, reklamieren*
examine *prüfen*
shipping sample *Verschiffungsmuster (Anm. 1)*

for this reason *aus diesem Grunde*
immediate *unverzüglich*
hand over *aushändigen*
goods *pl. Ware(n), Güter*
disappointed with *enttäuscht über*
representative *Vertreter*
protect a p's. interests *j-s Interessen wahren*
ignore *ignorieren, außer acht lassen*
believe to be *halten für*
justifiable *rechtmäßig, berechtigt*
complaint *Beschwerde*

for this reason that I did not immediately hand over the goods to Messrs. Müller & Co. Messrs. Müller telephoned me today and told me how disappointed they were with the coffee. Although I am your representative and have to protect your interests, I could not ignore what I believe to be a justifiable complaint.

I do not understand what could have brought about the change in colour. Was the shelled coffee put into bags and shipped directly after leaving the machine? This could account, perhaps, for the difference in colour.

Messrs. Müller were very annoyed at what they considered a substandard consignment and refused to settle the matter amicably and immediately claimed arbitration. This took place yesterday and with this result: the coffee delivered is valued in comparison with the regular grade at £0.40 lower; this is mainly due to its strange colour which makes it difficult to sell; besides this, the beans are of a smaller size. I should have preferred an amicable settlement with the clients without publicity and, in order to avoid a repetition of this incident and to gain a good reputation in Hamburg circles, I must ask you to pay particular attention and take every care in making future deliveries satisfactory.

Yours faithfully,
Artur Werner

bring about *verursachen*
change *Wechsel, Veränderung*
colour *Farbe*
shell *schälen, enthülsen*
account for *erklären*
difference *Unterschied*
annoyed at *verärgert, ärgerlich über*
consider *betrachten als, ansehen als*
substandard *unter der Norm, unterdurchschnittliche(r) Qualität*
consignment *Lieferung, Sendung*
refuse *sich weigern*
settle a matter amicably *e-e Angelegenheit freundschaftlich beilegen*
claim arbitration *Arbitrage beantragen (Anm. 30)*
take place *stattfinden*
result *Ergebnis*
deliver *liefern*
value *bewerten*
in comparison with *im Vergleich zu*
grade *Qualität, Gütegrad*
be due to *beruhen auf*
main *hauptsächlich*
strange *ungewöhnlich*
difficult *schwierig*
sell *verkaufen*
besides this *außerdem*
bean *Bohne*
size *Größe*
prefer *vorziehen*
amicable settlement *freundschaftliche Regelung*
without publicity *ohne Bekanntwerden (in der Öffentlichkeit), diskret*
avoid *vermeiden*
repetition *Wiederholung*
incident *Vorkommnis*
gain *erlangen*
reputation *Ruf*
circle *Kreis*
pay attention *vorsichtig sein, Vorsicht walten lassen*
particular *besonder*
take every care in *in jeder Hinsicht darauf achten, ... zu*
delivery *(Aus)Lieferung*
satisfactory *befriedigend, zufriedenstellend*

62. Betrachtung der Lage des Hanfmarktes

Berlin, 22nd May, 19..

Dobson & Steward Ltd.,
10, Mark Lane,
London, E.C.3
England.

Dear Sirs,

Thank you for your report of 18th May on the sisal-hemp market.

We are of the same opinion as you regarding the depressing effect on the market of large sales made in London with the objective of covering in at cheaper prices against pending forward contracts.

The reports of large crops of Mexican sisal, the so-called 'Henequén', which are certainly difficult to verify, create further uncertainty in the market.

We consider, on account of the generally insecure market situation, your correct course of action is to commence immediately your endeavours to dispose of the next two shipments on a c.i.f. basis because we must allow for a further recession in prices.

We have wired Tampa to cable us the quantity and shipping dates of the next two consignments and we shall send the details to you as soon as we receive them in order that you may sound out the market.

In this instance, we have to ask you to telephone us before selling as, according to the instructions of our board of direc-

report *Bericht*
sisal-hemp *Sisalhanf*
opinion *Meinung*
regard *betreffen*
depress *(nieder)drücken*
effect *Auswirkung*
sale *Verkauf*
with the objective *in der Absicht*
cover in against *sich eindecken für*
cheap *billig, niedrig (Preis)*
pending *schwebend, unerledigt*
forward contract *Terminabschluß*
crop *Ernte*
so-called *sogenannt*
difficult *schwierig*
certain *bestimmt, wirklich*
verify *belegen, nachweisen*
create *schaffen, verursachen*
further *weiter(e, -er, -es)*
uncertainty *Unsicherheit*
consider *glauben, der Meinung sein*
on account of *wegen*
insecure *unsicher*
course of action *Handlungsweise*
commence *beginnen*
immediately *sofort*
endeavour *Bemühung*
dispose of *verkaufen*
shipment *Ladung, Sendung*
c.i.f. *(Anm. 22)*
allow for *rechnen mit*
recession *Rückgang*
wire *drahten, telegraphieren*
cable *kabeln, telegraphieren*
shipping date *Versanddatum*
consignment *Lieferung, Sendung*
receive *erhalten*
sound out *erkunden, sondieren*
instance *Fall*
sell *verkaufen*
according to *gemäß, laut*
instruction *(An)Weisung*
board of directors *Aufsichtsrat*

---

be bound to *verpflichtet sein zu*
communicate with *sich in Verbindung setzen mit*
spinning mill *Spinnerei*

tors, we are bound to communicate with the Bergstadt Spinning Mills with regard to the next shipments.

We are well aware that you do not favour a sale direct to an industrial concern, and we fully appreciate your reasons. We suggest, therefore, that you summarise your views on this matter in a memorandum to us so that, with its assistance, we may again discuss with our board of directors the basic principles involved in the probable reduction in direct sales.

Yours faithfully,
Marggraf & Bilse

with regard to *wegen*
be well aware *wohl wissen*
favour *gern sehen*
industrial concern *Industrieunternehmen*
appreciate *einsehen, verstehen*
suggest *vorschlagen*
summarise *zusammenfassen*
view *Ansicht*
matter *Sache, Angelegenheit*
memorandum *Vermerk, Mitteilung (von Einzelheiten zu einem besonderen Punkt)*
assistance *Hilfe*
discuss *beraten*
basic principles *Grundsätze, Grundlagen*
be involved in *im Zusammenhang stehen mit*
probable *wahrscheinlich*
reduction *Rückgang*
direct sales *Direktverkäufe*

63. Begleitschreiben zu Kaffeemustern

Hamburg, 10th November, 19..

Hewitt & Brown, Ltd.,
General Caterers,
117, Spring Bank,
Hull,
Yorks.,
England.

Dear Sirs,

I have just received from Bauer & Sons, Tanga, East Africa, the firm I represent, a few bags of coffee, samples of the new crop. I have sent you by parcel post 5 kilos of the following types:

D4: same as last year's crop. According to reports from Tanga, our firm secured the entire crop of this type and recommends us to concentrate on the sale of this.

caterer *Lebensmittellieferant*
Yorks. = Yorkshire *(engl. Grafschaft)*
receive *erhalten*
represent *vertreten*
bag *Sack*
sample *Muster (Anm. 1)*
crop *Ernte*
parcel post *Paketpost*
according to *gemäß, laut*
report *Bericht*
secure *sich sichern*
entire *vollständig, ganz*
recommend *empfehlen*
concentrate on *sich konzentrieren auf*
sale *Verkauf*

E9: this type is very passable, though perhaps not up to last year's standard. This year's bean is somewhat smaller, but this slightly smaller size appears to apply to all this year's East African crop. The summer was very dry and this might account for the poorness of growth.

M8: this is a medium quality and very good for its own market. The quality is above reproach, whether raw or in the cup, but the bean is thinned down and the resultant price of the coffee is just right for your customers.

After you have examined the samples, I shall be very pleased to know your opinion on the selling chances of the different new types.

Yours faithfully,
Artur Werner

passable *brauchbar*
up to the standard *dem Standard od. der Norm entsprechend*
bean *Bohne*
somewhat *ziemlich, merklich*
slight *geringfügig*
size *Größe*
appear *scheinen*
apply to *sich beziehen auf, gelten für*
dry *trocken*
account for *erklären*
poorness *Mangel, Dürftigkeit*
growth *Wachstum*
medium quality *mittlere Qualität*
above reproach *einwandfrei*
raw *roh*
thin down *(die größeren Bohnen) heraussieben*
resultant price *sich (daraus) ergebender Preis*
customer(s) *Kunde(n, Kundschaft)*
know *wissen, erfahren*
opinion *Meinung*
selling chances *Absatzmöglichkeiten*
different *verschieden*

64. Bericht über Kaffee- und Kakaomarkt

Hamburg, November 11, 19..

Mr. George Hamilton
72, George Washington Avenue
San Juan
Puerto Rico.

Dear Mr. Hamilton:

As you have been cabling me firm offers lately which I cannot place because of the prevailing recession, I would like to give you a brief report here on the present state of the German coffee market.

I have passed on your offers to a number of customers, but almost

cable *kabeln, telegraphieren*
firm offer *festes Angebot (Anm. 13)*
lately *kürzlich*
place *unterbringen*
prevail *(vor)herrschen*
recession *Konjunktur-, Geschäftsrückgang*
brief *kurz*
report *Bericht*
present *gegenwärtig*
state *Stand, Lage*
pass on to *weitergeben an*
customer *Kunde*

---

be convinced *überzeugt sein*
continue *fortfahren, beibehalten, fortsetzen; andauern*
downward trend *sinkende Tendenz*

all are convinced that coffee prices will continue their downward trend. They do not attempt to justify this opinion, but the uncertain situation in Brazil is probably the main reason. Meanwhile, as the decline in prices continues, no one is willing to commit himself.

Much the same applies to cocoa; the chocolate manufacturers will not take Central American Corriente types any longer, and only buy African cocoas, which, although inferior in quality, serve their purposes just as well. It is clear that this new policy of the chocolate manufacturers will mean a great loss to the Central American producers.

I assure you that I shall continue to do my best on your behalf and I shall not fail to keep you informed of new developments and trends. I sincerely hope that the situation will soon improve.

Truly yours,
Karl Martens

attempt *versuchen*
justify *rechtfertigen*
opinion *Ansicht, Meinung*
uncertain *unsicher*
probable *wahrscheinlich*
main reason *Hauptgrund*
meanwhile *inzwischen*
decline *Rückgang*
commit oneself *sich binden, sich festlegen*
much the same *so ziemlich das gleiche*
apply to *sich beziehen auf, gelten für*
cocoa(s) *Kakao(sorten)*
chocolate manufacturer *Schokoladenfabrikant*
corriente *(span.) üblich, regulär*
not ... any longer *nicht mehr*
buy *kaufen*
inferior *minderwertig, geringer*
serve *dienen*
purpose *Zweck*
just as well *ebenso gut*
policy *Geschäftspolitik*
mean *bedeuten*
loss *Verlust, Schaden*
producer *Hersteller*
assure *versichern*
on your behalf *für Sie*
fail *versäumen*
keep a p. informed *j. auf dem laufenden halten*
development *Entwicklung*
sincere *aufrichtig*
improve *(sich) verbessern*

65. Bericht eines Börsenmaklers über letzten Verlauf und vermutliche Entwicklung der Aktienkurse

New Delhi, 11th June, 19..

Wilhelm Petersen & Co.,
Curschmannstraße 8,
2 Hamburg-Eppendorf,
W. Germany.

Dear Sirs,

Stock Market Report for week ending 10th June 19..

Once again the market has shown its remarkable resilience.

stock market report *Börsenbericht*
remarkable *bemerkenswert*
resilience *Elastizität, Nachgiebigkeit*

pressure *Druck*
decline *Sinken, Fallen*
sterling *Sterling (engl. Währung)*
impact *Belastung, Schockwirkung*
widespread *ausgedehnt, weitverbreitet*
strike *Streik*
wilt *nachgeben*

Two weeks ago, as we informed you in our report of 4th June, under the growing pressure of the decline of sterling and the impact of widespread strikes in the textile industry, prices wilted and showed every sign of falling further. The devaluation of the Indian rupee over the last weekend and the realisation of the extent of the pressure on sterling set prices back a bit more, but during the last three days shares have shown a stout recovery.

Actual turnover was low, and dealers reported that there is a tendency for activity in any one day to be confined to either small buying or small selling – two-way business is quite rare. Markets are so thin that the performance of prices can be dictated by relatively few investors, and under these circumstances it is becoming increasingly difficult for even the experts to predict movements. At the moment we feel that the textile strikes are becoming very important factors and once a definite solution seems to be on the way the market must react favourably, but it is difficult at this stage to foresee whether or not any favourable reaction will be at all prolonged.

Most of the strength of the market in the past week or so, however, has been in stocks of companies with important assets abroad and several have scored new 'highs' for the year. Conversely, shares with a high Indian content were weak on the news

devaluation *Abwertung*
rupee *Rupie (indische Währung)*
realisation *Erkenntnis*
extent *Ausmaß*
set back *herabsetzen*
a bit more *noch etwas mehr*
share *Aktie*
stout *kräftig*
recovery *Erholung*
actual *eigentlich*
turnover *Umsatz*
dealer *Händler*
report *berichten*
activity *Tätigkeit, Aktivität*
in any one day *sehr bald, täglich (zu erwarten)*
be confined to *sich beschränken auf*
small *gering*
buying *sg. (Ein)Käufe*
selling *sg. Verkäufe*
two-way business *Geschäfte in beiden Richtungen*
thin *schwach*
performance of prices *Preisgestaltung, -bewegung*
relatively few *verhältnismäßig wenige*
investor *Kapitalgeber*
circumstance *Umstand*
increasing *zunehmend*
difficult *schwierig*
for even the experts *selbst für Experten*
predict *vorhersagen*
movement *Entwicklung*
feel *meinen, glauben*
important *wesentlich*
once *wenn erst (einmal)*
definite *endgültig*
solution *Lösung*
be on the way *sich anbahnen, im Kommen sein*
favourable *günstig*
stage *Stadium*
foresee *voraussehen*
be prolonged *anhalten, andauern*
most of the strength *das Schwergewicht*
in the past week or so *seit ungefähr einer Woche*
stocks *pl. Aktien*
company *Gesellschaft*
assets *pl. Vermögenswerte*
abroad *im Ausland*
score new 'highs' for the year *den bisherigen Jahreshöchststand erreichen*

of devaluation although actual selling was only slight. They included all the tea plantation sector, cottons, and the electrical industry centred on Calcutta.

We feel that you should not make any moves until the situation has hardened a little and we suggest that you postpone all decisions until our next report; in the event of any untoward or startling developments taking place, we shall, of course, communicate with you by cable.

Yours faithfully,
Ahmed Thakur & Co.

converse *umgekehrt*
content *Anteil*
be weak *nachgeben, fallen*

---

slight *gering*
include *einschließen*
plantation *Plantage*
cottons *Baumwollwerte*
centred on *(konzentriert) um ... herum*
make a move *etwas unternehmen*
harden *festigen*
suggest *vorschlagen*
postpone *verschieben*
decision *Entscheidung*
in the event of *im Falle*
untoward *ungünstig*
startling *überraschend*
development *Entwicklung*
take place *stattfinden*
communicate by cable *sich telegraphisch in Verbindung setzen*

66. Versandauftrag für einen Spediteur

Hamburg, 28th December, 19..

The Manager,
The Union Castle Steamship Line,
3, Fenchurch Street,
London, E.C.3
England.

Dear Sir,

10 Pianos, marked P.B. 1–10

Please collect the above goods from the premises of our London agency: James Robinson Ltd., at 41, King William Street, E.C.4.

These are to be shipped by the first available steamer to John Patterson Bros. & Co., Ltd., of Capetown.

The B/L is to be made out to order in triplicate and we re-

manager *Geschäftsführer*
steamship line *Dampfschiffahrtslinie*
piano *Klavier*
mark *kennzeichnen*
collect *abholen*
above *oben angegeben*
goods *pl. Ware(n), Güter*
premises *pl. Geschäftsräume*
agency *Agentur, Vermittlung(sstelle)*
be to *sollen*
ship *verschiffen*
available *verfügbar*
Capetown *Kapstadt*
the B/L is to be made out to order *das Konnossement ist an Order auszustellen*
in triplicate *in dreifacher Ausfertigung (Anm.32d)*

quest you to send all three copies to our address. We shall take care of the insurance ourselves and send you a copy of the insurance certificate.

Yours faithfully,
Hamburger Klavierfabrik GmbH.
vorm. Gebr. Lange & Co.

request *ersuchen, bitten*
take care of *sich kümmern um, sorgen für*
insurance certificate *Versicherungsschein, -zertifikat*

67. Versandanzeige über Konsignationssendung

Mönchengladbach,
23rd February, 19..

J.C. Summerfield, Esq.,
56, Hyderabad Road,
Bombay,
India.

Dear Sir,

We sent you on 21st February by M.S. "Acadia" out of Antwerp a consignment of 6 cases of cotton prints. For these items we enclose B/L in triplicate, insurance policy, and weight statement. We are also enclosing a pro-forma invoice for your guidance. The prices stated on the attached list are the limits below which you ought not to sell on our behalf.

Please follow your normal procedure and remit the net proceeds of sale to us by cheque.

Yours faithfully,
Hermann Falbe Söhne

Enc's.

consignment *Lieferung, Sendung (Anm. 11)*
case *Kiste*
cotton print *bedruckter Baumwollstoff*
item *Posten, Ware*
enclose *beifügen (Anm. 12)*
B/L in triplicate *(Anm. 32 d)*
insurance policy *Versicherungspolice*
weight statement *Gewichtsangabe*
pro-forma invoice *Pro-forma-Rechnung*
for your guidance *zu Ihrer Orientierung*
state *angeben, nennen*
attach *beifügen*
limit *Preisgrenze*
on our behalf *in unserem Namen, für uns*
follow your normal procedure *verfahren Sie wie gewöhnlich*
remit *überweisen*
net proceeds of sale *Nettoverkaufserlös*
by cheque *durch Scheck*

68. Telegraphische Anweisung zur Weiterverschiffung nicht abgesetzter Konsignationsware

Mönchengladbach, 22nd April, 19..

J.C. Summerfield, Esq.,
56, Hyderabad Road,
Bombay,
India.

Dear Sir,

Consignment of Cotton Prints ex M.S. "Acadia"

Thank you for your air mail letter of 15th April; we are sorry to hear that, because of American competition, you have been unable to sell the consignment sent to you on 21st February. In reply, we sent you the following cable last night and we confirm its contents:

'Yours fifteenth ship two cases freight paid Willoughby 335 Queen Street Brisbane Australia.'

We trust that you have already acceded to our request and sent on the two cases for our account free of charges to Willoughbys, who have had our instructions. Please debit us with all your expenses in this matter under advice.

We hope to receive your A/S with your remittance in the normal way and in due course.

Yours faithfully,
Hermann Falbe Söhne

consignment *Lieferung, Konsignationssendung (Anm. 11)*
cotton print *bedruckter Baumwollstoff*
hear *hören, erfahren*
competition *Konkurrenz*
be unable *nicht in der Lage sein*
sell *verkaufen*
reply *Antwort, Erwiderung*
cable *Kabel, Telegramm*
confirm *bestätigen (Anm. 18)*
contents *pl. Inhalt*
yours fifteenth *(Telegrammstil)* = regarding your letter of 15th
ship *verschiffen, versenden*
case *Kiste*
freight paid *frachtfrei*
trust *darauf vertrauen, hoffen*
accede to *nachkommen*
request *Wunsch, Bitte*
send on *weitersenden*
for our account *für unsere Rechnung*
free of charges *kostenfrei*
instruction *Anweisung*
debit *belasten*
expenses *pl. Auslagen, Spesen*
matter *Sache, Angelegenheit*
under advice *mit (gleichzeitiger) Benachrichtigung (an uns)*
receive *erhalten*
remittance *Überweisung*
in due course *zu gegebener Zeit*

69. Speditionsauftrag und Anfrage wegen etwaiger Bevorschussung

Frankfurt, 26th October, 19..

James Wattson & Son, Ltd.,
21, Millbay,
Plymouth,
England.

Dear Sirs,

In the very near future you will receive for the Natal Trading Co., Durban, f.o.b. Plymouth, from the South Wales Manufacturing Co., Ltd., of Newport, the following consignment:

NTC 250–469 Durban – 220 cases ball point pens, gross weight 2950 kilos, net 1620 kilos, measurement per case 2/1 × 1/5 × –/11 ft.

Please ship the consignment in accordance with the instructions of the South Wales Manufacturing Co. by the first available steamer.

Please arrange for the collection of the amount of the invoice from the consignees. We are, however, afraid it may take too long to collect, and we can therefore only entrust you with the goods, if you are prepared to advance us part of the sum, as is done by your competitors. Should you, contrary to our expectation, be unwilling to do this, we must request you to send us the Bs/L so that we can get an advance through our bank.

In the meantime, we await your reply to the above instruc-

in the very near future *in allernächster Zeit*
receive *erhalten*
trade *handeln*
f.o.b. *(Anm. 22)*
manufacture *herstellen*
consignment *Lieferung, Sendung*
case *Kiste*
ball point pen *Kugelschreiber*
gross weight *Bruttogewicht*
net *netto*
measurement *Maß*
2/1 × 1/5 × —/11 ft = two foot one (inch) by one foot five (inches) by eleven inches
ship *verschiffen*
in accordance with *in Übereinstimmung mit*
instruction *(An)Weisung*
by the first available steamer *mit dem erstmöglichen Dampfer*
arrange for *erledigen*
collection *Einziehung*
amount *Betrag*
invoice *Faktura, Warenrechnung*
consignee *Empfänger*
be afraid *befürchten*
take *dauern*
entrust with *anvertrauen*
goods *pl. Ware(n), Güter*
be prepared *bereit sein*
advance *vorstrecken, vorschießen, verauslagen, Vorschuß*
competitor(s) *Konkurrent(en, Konkurrenz)*
contrary to expectation *wider Erwarten*
be unwilling *nicht gewillt sein*
request *ersuchen*
Bs/L = bills of lading *(Anm. 32 d)*
in the meantime *inzwischen*
reply *Antwort, Erwiderung*
above *obig*

tions and we anticipate that you will be able to obtain the cheapest possible freight rates for us in this transaction.

Yours faithfully,
Drews & Linke

anticipate *erwarten, hoffen*
obtain *bekommen, erlangen*
cheap *billig, niedrig*
freight rate *Frachtpreis, Frachtsatz*
transaction *Geschäft (sabschluß), Unternehmen*

70. Frachtanfrage

Hamburg, 11th October, 19..

C.F.G. Smith & Co. Ltd.,
Forwarding Agents,
4, Tower Hill,
London, E.C.3
England.

Dear Sirs,

We should be grateful if you let us have by return of post your lowest rate of freight on cement in casks, in 20 ton lots and upwards, from London to Accra, Ghana.

Perhaps, at the same time, you would also be good enough to indicate what shipping commission you would expect us to pay and any other additional charges we shall have to reckon with if the goods are delivered to you f.o.b. London.

Yours faithfully,
p.p. Kardorf & Winter
Werner

forwarding agent *Spediteur*
grateful *dankbar*
let a p. have *j-m mitteilen*
by return of post *postwendend*
low *niedrig*
rate of freight on *Frachtsatz für*
cask *Faß*
ton *Tonne*
lot *Partie, Sendung*
upwards *höher, darüber*
at the same time *gleichzeitig*
be good enough *so freundlich sein*
indicate *angeben*
shipping commission *Verschiffungsprovision (Anm. 10)*
expect *erwarten*
additional *zusätzlich*
charge *Gebühr*
reckon with *rechnen mit*
goods *pl. Ware(n), Güter*
deliver *liefern*
f.o.b. *(Anm. 22)*

71. Einforderung von Frachtrabatt

Düsseldorf, 10th February, 19..

B. Whiteley & Sons, Ltd.,
Freight Brokers,
314, East India Dock Road,
London, E.14, England.

Dear Sirs,

Last June you shipped for us a consignment of window glass by S.S. 'Glengarry' to Singapore. The consignment was No. S.V.D. 1/150 and it consisted of 150 cases.

We have recently gone over our books and have discovered that there remains a freight rebate of £12.90 due to us on this shipment.

We should be grateful if you sent us, as soon as is possible, the necessary forms so that we may claim this amount without further delay.

Yours faithfully,
Eckel & Gärtner

freight broker *Transport-, Schiffs-, Frachtmakler*

ship *verschiffen*
consignment *Lieferung, Sendung*
consist of *bestehen aus*
case *Kiste*
recent *kürzlich*
go over *durchgehen, durchsehen*
discover *entdecken, feststellen*
remain *übrigbleiben, zurückbleiben*
freight rebate *Frachtrabatt (Anm. 6)*
due *fällig, schuldig*
shipment *Sendung*
grateful *dankbar*
form *Formular*
claim *einfordern*
amount *Betrag*
further *weiter(e, -er, -es)*
delay *Verzögerung*

72. Antwort auf eine Beschwerde

Mannheim, 14th July, 19..

B. Whiteley & Sons, Ltd.,
Ship Brokers,
314, East India Dock Rd.,
London, E.14, England.

Dear Sirs,

40 crates Hollow Glass, marked S.B.C. 1/40, per M.S. 'Indian Trader' to Bombay

We have received your letter of 10th July and note that the

ship broker *Schiffsmakler*

crate *Verschlag, Lattenkiste*
hollow glass *Hohlglas*
marked *gekennzeichnet*
receive *erhalten*
note *bemerken, zur Kenntnis nehmen*

supply *liefern*
manufacturer *Fabrikant*

supplying manufacturers had not given you the dimensions of the crates. We know that the measurements ascertained by the loading agents before shipment are the only authoritative ones, and that any claims made later on this subject are not admissable. We also note that the loading agents are willing to have the packages re-measured when landed in Bombay, but this would be at our expense unless the measurements were found not to coincide with theirs. We find this suggestion unattractive as the charges in Bombay might be higher than the difference in freight costs.

We shall impress upon our suppliers the necessity of indicating to you, in future, the exact measurements in advance so that you may enter them on the shipping note and check them at the time of shipment.

Yours faithfully,
Harald Kaufmann & Co.

dimension *Abmessung*
measurement *Maß*
ascertain *feststellen, ermitteln*
loading agent *Ladungsvertreter, Schiffsmakler, (Reedereivertreter)*
shipment *Verschiffung*
authoritative *maßgebend*
claims on this subject *diesbezügliche Ansprüche*
admissable *zulässig*
be willing *gewillt sein*
package *Frachtstück*
have ... re-measured *(et.) nachmessen lassen*
land *löschen, ausladen*
at our expense *auf unsere Kosten*
unless *falls nicht*
coincide *übereinstimmen*
suggestion *Vorschlag*
unattractive *nicht verlokkend, nicht ansprechend*
charge *Gebühr*
difference *Unterschied*
freight costs *Frachtgebühren*
impress upon *einschärfen, eindringlich klarmachen*
supplier *Lieferant*
necessity *Notwendigkeit*
indicate *angeben*
in advance *im voraus*
enter *eintragen*
shipping note *Ladeschein, Verschiffungsanweisung (Anm. 32 a)* [7)]
check *(nach)prüfen (Anm.*

73. Nachfrage nach dem Verbleib einer Sendung

Berlin, 16th October, 19..

John Sutcliffe & Sons, Ltd.,
51, Tetney Road,
Hull,
Yorks.,
England.

Dear Sirs,

Consignment via Herr Edwin Mothes

We forwarded you recently through our Hamburg representative, Herr Edwin Mothes, a consignment identifiable by the code

Yorks. = Yorkshire *(engl. Grafschaft)*
consignment *Lieferung, Sendung*
via *über*
forward *senden*
recent *kürzlich*
representative *Vertreter*
identifiable *identifizierbar, erkennbar*

number R.P.T. 186, consisting of one case of machine parts, weight 136 kilos. It was to be re-forwarded to the Liverpool Paper Mills Co. Ltd. at Liverpool. This package, to the best of our knowledge, was shipped to you by S.S. Möwe on 2nd October. It ought to have reached you by 4th and Liverpool on 6th at the latest, but we have been informed that it has not yet arrived at its destination.

This delay in forwarding has created an awkward situation for us as the case contains an urgently wanted spare part, and this was our only reason for choosing to send it by the expensive Hull route.

We should be grateful if you looked into the matter for us and notified us of the result of the action you are taking to expedite delivery.

Yours faithfully,
Berliner Papiermaschinenfabrik
vormals Günther & Langhoff A.G.

code number *Codenummer*
consist of *bestehen aus*
case *Kiste*
machine part *Maschinenteil*
weight *Gewicht*
be to *sollen*
re-forward *weiterbefördern*
paper mill *Papierfabrik*
package *Frachtstück*
to the best of our knowledge *unseres Wissens*
ship *verschiffen*
reach *erreichen*
at the latest *spätestens*
arrive *eintreffen*
destination *Bestimmungsort*
delay *Verzögerung*
create *schaffen*
awkward *unangenehm*
situation *Lage*
contain *enthalten*
urgently wanted *dringend benötigt*
spare part *Ersatzteil*
reason *Grund*
choose *wählen*
expensive *teuer, kostspielig*
grateful *dankbar*
look into a matter *e-r Sache nachgehen*
notify *benachrichtigen*
result *Ergebnis*
take action *Schritte unternehmen*
expedite *beschleunigen*
delivery *(Aus)Lieferung*

74. Versicherungsauftrag

Hamburg, 31st December, 19..

The Manager,
The Prudential Insurance Co. Ltd.,
48, Leadenhall Street,
London, E.C.3, England.

Dear Sir,

Insurance Coverage
Shipment J.P.B. 1/10

Please arrange full cover against all risk (a.a.r.) for the

manager *Direktor, Geschäfsführer*
insurance (coverage) *Versicherung(sdeckung)*
shipment *Lieferung, Sendung*
arrange full cover *volle Deckung vereinbaren*
against all risk (a.a.r.) *gegen alle Gefahren*

above-mentioned *obenerwähnt*
Hi-Fi = high fidelity *(mit) tongetreue(r) Wiedergabe*
record player *Plattenspieler*

above-mentioned shipment of

10 Hi-Fi Record Players,
value £1,027.00.

The insurance is for our account. The consignment is lying, at present, in our warehouse on West India Dock and is destined for Cape Town by M.S. Durban Castle, scheduled to sail 2nd Jan.

Please let us have the insurance policy and certified copy as soon as possible.

Yours faithfully,
Gebr. Lange & Co.

value *Wert*
for our account *für unsere Rechnung, zu unseren Lasten*
consignment *Lieferung, Sendung*
lie *liegen*
at present *augenblicklich*
warehouse *Lager*
be destined for *bestimmt sein für*
Cape Town *Kapstadt*
be scheduled to sail *fahrplanmäßig in See gehen (sollen)*
let a p. have *j-m übersenden*
insurance policy *Versicherungspolice*
certified copy *amtlich, gerichtlich od. notariell beglaubigte Abschrift*

75. Bericht über Abnahme einer Konsignationsware und Übersendung der Abrechnung

Hamburg, 2nd February, 19..

Khubchand & Kidarnath Co. Ltd.,
66, Nagdevi Street,
Calcutta,
India.

Dear Sirs,

Sale your Consignment 55 Bales
Oily Cotton Waste

With reference to our letter of 24th Jan, in which we advised you of the sale of the above 55 bales, we are pleased to inform you that the buyers have now taken delivery of the goods.

As we sold the consignment 'as it stood' (tale quale) there can be no question of arbitration, but two bales were at first refused as the contents consisted partly of quite inferior material and indicated the possibility of

sale *Verkauf*
consignment *Lieferung, Sendung (Anm. 11)*
bale *Ballen*
oily cotton waste *ölige Baumwollabfälle*
with reference to *Bezug nehmend auf*
advise *benachrichtigen*
above *obig, obenerwähnt*
be pleased *sich freuen*
buyer *Käufer*
take delivery of *abnehmen*
goods *pl. Ware(n), Güter*
sell *verkaufen*
as it stood (tale quale) *so wie sie [die Ware] ist (Anm. 26)*
there can be no question of *kommt nicht in Frage*
arbitration *Arbitrage (Anm. 30)*
refuse *zurückweisen*
contents *pl. Inhalt*
consist of *bestehen aus*
partly *teilweise*
inferior *mangelhaft, minderwertig*
indicate a th. *auf et. hindeuten*
possibility *Möglichkeit*

'false packing'. After consideration, we decided in the interests of our reputation to allow the buyers a rebate of 75% on the 2 bales, which they then accepted. Please take care that such irregularities do not occur again because if they do, you will rapidly lose the confidence of the Hamburg dealers and find yourself unable to sell on shipment; in addition, we should have to decline to act for you.

We enclose A/S and S/A and a cheque for £128.88 on our London bank in your favour. The amount represents the balance after deducting the old amount due to us.

We hope to receive further consignments from you and we assure you of our attention to your interests.

Yours faithfully,
Rentsch & Hölzermann

Enc's.

false packing *(Anm. 27)*
after consideration *nach (gründlicher) Überlegung*
decide *sich entschließen*
reputation *Ruf*
allow a rebate *einen Nachlaß gewähren (Anm. 6)*
take care *dafür sorgen*
irregularity *Fehler*
occur *vorkommen*
rapid *sehr schnell*
lose *verlieren*
confidence *Vertrauen*
dealer *Händler*
find o.s. unable *nicht in der Lage sein*
on shipment *auf Abladung (während die Ware noch unterwegs ist)*
in addition *außerdem*
decline *ablehnen*
act *handeln, tätig sein*
enclose *beifügen (Anm. 12)*
in your favour *zu Ihren Gunsten*
amount *Betrag, Summe*
represent *darstellen*
balance *Saldo, Restbetrag*
deduct *abziehen*
be due *zustehen*
receive *erhalten*
further *weiter(e, -er, -es)*
assure a p. of one's attention to s.th. *j-m versichern, et. im Auge zu behalten*

76. Eintreffen einer Konsignation bei schlechten Verkaufsaussichten

Rotterdam, 10th November, 19..

Frederick Taylor & Co.,
P.O. Box 99,
Blantyre,
Malawi.

Dear Sirs,

Thank you for your letter of 20th October and the consignment of 150 bags of coffee mentioned in the letter.

Your draft for 80% of the value of the consignment was hon-

consignment *Lieferung, Sendung (Anm. 11)*
bag *Sack*
coffee(s) *Kaffee(sorten)*
mention *erwähnen*
draft *Wechsel, Tratte*
value *Wert*

---

honour *einlösen*
on receipt *bei Empfang, nach Erhalt*
as for *bezüglich, was ... angeht*
regret *bedauern*

oured on receipt, but as for the consignment itself, I regret having to inform you that there is little chance of its speedy sale in Rotterdam. I have frequently explained to you exactly what coffees are preferred on this market and I most strongly advise you to bear in mind the points I have made when you send future consignments, otherwise you are bound to suffer disappointment. The 150 bags are of a type for which there is no present demand and I shall therefore have to see whether my agents in Spain can dispose of them. The Spanish market is livelier and less demanding than ours and I am confident of an eventual sale, but I shall have to warehouse the coffee temporarily here.

I shall keep you informed of how the matter develops.

Yours faithfully,
Artur Werner

little chance *wenig Aussicht*
speedy *schnell*
sale *Verkauf*
frequent *häufig*
explain *erklären*
exact *genau*
prefer *vorziehen, bevorzugen*
strong *nachdrücklich*
advise *(j-m) raten*
bear in mind *berücksichtigen*
make a point *e-n Punkt hervorheben, auf et. hinweisen*
otherwise *sonst, andernfalls*
be bound to *zwangsläufig müssen, (es wird) sich nicht vermeiden lassen, daß*
suffer *erleiden*
disappointment *Enttäuschung*
no present demand *augenblicklich keine Nachfrage*
agent *Vertreter*
dispose of *verkaufen*
lively *lebhaft*
demanding *anspruchsvoll*
be confident of *überzeugt sein von*
eventual *schließlich*
warehouse *lagern*
temporary *vorübergehend*
keep a p. informed *j. auf dem laufenden halten*
matter *Angelegenheit*
develop *sich entwickeln*

77. Erkundigung über Versicherungsmöglichkeiten

Stuttgart, Jan 28, 19..

J.C. Raffin & Co.
(Insurance) Ltd.,
31, St. Mary Axe,
London, E.C.3
England.

Gentlemen:
We are writing to you because you were recommended to us by our Paris business associates, Messrs. Boutal & Goutelle. We should like to know if you could arrange insurance cover in Lon-

insurance *Versicherung*
recommend *empfehlen*
business associate *Geschäftspartner, -freund*
arrange *abschließen*
insurance cover *Versicherung(sdeckung, -sschutz)*

---

shipment *Sendung, Lieferung*
alfalfa *Alfa (aus Espartogras gewonnener Faserstoff bes. zur Papierfabrikation)*
policy *Versicherungspolice*
cover *decken*
risk *Risiko, Gefahr*
sea damage *Seeschaden*
theft *Diebstahl*
pilferage *geringfügiger Diebstahl*

don for our shipments of Alfalfa from Morocco and Algeria to Rotterdam, Antwerp and Hamburg. We should like a policy covering every normal risk and not only sea damage, viz. theft and pilferage, loss of weight, fresh water damage and ship's sweat, and if possible, without franchise. The insurance cover should be from warehouse to warehouse. We also require coverage on reforwarding from port to interior by rail, water or road transport, and for this we are willing to pay an additional premium. We prefer a floating policy so as to have a fixed basis for our costing department to work on.
We hope to have your reply as soon as possible.

Truly yours,
Erwin Steinbach & Lücke

loss of weight *Gewichtsverlust*
fresh water damage *Süßwasserbeschädigung*
ship's sweat *Schiffsschweiß (Anm. 35)*
franchise *(Anm. 37)*
from warehouse to warehouse *ab Lager bis Lager*
require *benötigen, brauchen*
coverage on *Deckung von*
re-forwarding *Weiterversand*
port *Hafen*
interior *Innere*
by rail (transport) *mit der Bahn*
by water (transport) *auf dem Wasserweg*
by road (transport) *mit LKW*
additional premium *Prämienzuschlag*
prefer *vorziehen, bevorzugen*
floating policy *laufende, offene Police (Anm. 36)*
fixed *fest*
basis *Basis, Grundlage*
costing department *Rechnungsabteilung*
work on *damit arbeiten*
reply *Antwort*

78. Erteilung eines limitierten Kaufauftrages

Bremen, 26th November, 19..

Hartley, Sheldon & Co. Ltd.,
Cotton Brokers,
12, Howard Street,
Liverpool, 2
England.

Dear Sirs,

We thank you for the samples accompanying your letter of 24th November and note that on 2nd December an auction of about 1500 bales of fire-damaged Indian cotton will take place.

Unfortunately, we cannot be in Liverpool on that date, but if the goods correspond to the

cotton broker *Baumwollmakler*
sample *Muster (Anm. 1)*
accompany *begleiten*
note *zur Kenntnis nehmen*
auction of *Auktion od. Versteigerung von*
bale *Ballen*
fire-damaged *feuerbeschädigt*
Indian *indisch*
cotton *Baumwolle*
take place *stattfinden*
unfortunately *leider*
goods *pl. Ware(n), Güter*
correspond to *übereinstimmen mit*

samples you submitted, we authorise you to bid for the following lots on our behalf:

lot 6 – 55 bales up to £0.04 per lb.

lot 8 – 110 bales up to £0.03 per lb.

lot 22 – about 150 bales, partly loose, up to £0.02 per lb.

Please be particularly careful regarding this last lot, and if more than 60% is loose, do not buy.

Wire us as soon as your offers have been accepted so that we can send you a cheque in order to complete purchase and take possession. Instructions as to disposal will follow.

Yours faithfully,
Hogenforst & Co.

submit *unterbreiten, einsenden*
authorise *ermächtigen*
bid *bieten*
lot *Partie, Posten*
on our behalf *in unserem Namen, für uns*
up to *bis zu*

about *etwa*
partly *teilweise*
loose *lose*
particularly *besonders*
careful *vorsichtig, sorgfältig*
regarding *in bezug auf*
buy *kaufen*
wire *drahten, telegraphieren*
offer *Angebot*
cheque *Scheck*
complete *abschließen*
purchase *Kauf*
take possession *(die Waren) in Besitz nehmen*
instruction *Anweisung*
as to *bezüglich, über*
disposal *Verkauf, Veräußerung*

79. Einforderung eines zu ersetzenden Versicherungsschadens

Hannover, Aug 15, 19..

Mr. John Brown
P.O. Box 13
Winnipeg, Manitoba
Canada.

Dear Mr. Brown:
The 150 sacks of grain, weight 9,000 kilos, by S.S. Rabat, according to my order R.P. 137, for which you arranged the insurance cover, reached Antwerp on Aug 12. The enclosed Certificate of Damage shows 187 kilos of sea damage certified on arrival. I am therefore sending you Damage Account

grain *Getreide*
weight *Gewicht*
according to *gemäß, laut*
order *Auftrag*
arrange *abschließen, erledigen*
insurance cover *Versicherung (sdeckung, -sschutz)*
reach *erreichen, ankommen in*
enclose *beifügen (Anm. 12)*
certificate of damage *Schadengutachten, -attest (Anm. 29)*
show *nachweisen, zeigen*
sea damage *Seeschaden*
certify *bescheinigen*
on arrival *bei der Ankunft*
damage account *Schadenrechnung*

of £30.13 made up according to the attached list, which includes expenses account. Please arrange for the collection of this sum on my behalf and remit by check in my favor.
I also enclose the following documents concerning this shipment:

(1) Insurance Certificate
(2) Invoice of shippers
(3) Copy B/L (please return after inspection)
(4) Rejection by the ship's agent of my protest.

Sincerely yours,
Ruprecht Pfälzer

Encl.

make up *sich ergeben, sich zusammensetzen*
attach *beifügen*
include *einschließen*
expenses *Auslagen, Spesen*
account *Rechnung*
collection *Einziehung*
on my behalf *in meinem Namen, für mich*
remit *übersenden*
check *(AE) Scheck*
in my favor *(AE) zu meinen Gunsten*
concerning *betreffend*
shipment *Ladung, Sendung*
insurance certificate *Versicherungszertifikat*
invoice *Warenrechnung*
shipper *(AE) Spediteur*
copy B/L *Konnossementskopie (Anm. 32 d)*
return *zurücksenden*
inspection *Einsichtnahme*
rejection *Ablehnung*
ship's agent *Schiffsagent, Reedereivertreter*
protest *Protest (Anm. 31)*

80. Übersendung eines Rechnungsauszugs

Bielefeld, 5th May, 19..

Slater & Sinclair, Ltd.,
73, Deansgate,
Manchester, 4
England.

Dear Sirs,

We are enclosing a statement of your account with us up to and including 30th April, showing a balance of £168.69 in our favour.

Please check this statement and if you agree with it we shall be pleased to receive your remittance at your convenience.

Yours faithfully,
Eiselt & Co.

Enc.

enclose *beifügen (Anm. 12)*
statement of account *Konto-, Rechnungsauszug*
include *einschließen*
show *zeigen, ausweisen*
balance *Saldo, Restbetrag*
in our favour *zu unseren Gunsten*
check *prüfen (Anm. 7)*
agree with *einverstanden sein mit*
receive *erhalten, empfangen*
remittance *Überweisung*
at a p.'s convenience *gelegentlich, zu gegebener Zeit*

81. Übersendung von Dokumenten gegen Bankrembours

Hamburg, 5th May, 19..

Cox & Sons, Ltd.,
Bankers,
3, Lombard Street,
London, E.C.3
England.

Dear Sirs,

Acceptance Credit 120 bales Hemp ex 'Amstelkerk'

In accordance with the instructions of Lange & Knuth of Hamburg, we are enclosing:

3 Bs/L covering 120 bales Sisal Hemp
1 Insurance Policy
1 Provisional Invoice amounting to £600
1 Draft on you for £600 at 90 d/d.

Please accept this draft and remit it to the National Discount Co.; after this you are free to dispose of the documents as you wish. In order to obviate the same misunderstanding as occurred over our last transaction with you, we draw your attention to an apparent discrepancy in the documents; the goods reached Hamburg in the S.S. 'Amstelkerk', but in the B/L and in the insurance policy the ship's name is given as 'Uranga'. The 'Uranga' is the coaster which carried the goods from the plantation of origin to the port of Tanger for transhipment on board the steamer

banker(s) *Bankier(s, Bankhaus)*
acceptance credit *Akzeptkredit, Bankrembours (Anm. 41)*
bale *Ballen*
hemp *Hanf*
in accordance with *in Übereinstimmung mit*
instruction *Anweisung*
enclose *beifügen (Anm. 12)*
Bs/L = bills of lading *(Anm. 32 d)*
covering *über*
insurance policy *Versicherungspolice*
provisional *vorläufig*
invoice *Rechnung*
amounting to *in Höhe von*
draft *Wechsel, Tratte (Anm. 39)*
accept *akzeptieren (Anm. 40)*
remit *übersenden*
you are free *(es) steht Ihnen frei*
dispose of *verfügen über*
obviate *aus dem Wege gehen, vorbeugen*
misunderstanding *Mißverständnis*
occur *vorkommen, sich ergeben*
transaction *Geschäft(sabschluß)*
draw a p.'s attention to *j-s Aufmerksamkeit lenken auf*
apparent *scheinbar*
discrepancy *Widerspruch*
goods *pl. Ware(n), Güter*
reach *erreichen, ankommen in*
coaster *Küstendampfer*
carry *bringen*
plantation of origin *Pflanzung am Ausgangsort, Herkunftspflanzung*
port *Hafen*
transhipment *Umladung*
steamer *Dampfer*

'Amstelkerk', but as it is a Through B/L, the name of the first steamer only is stated. We have mentioned this in order to avoid delay in acceptance by your querying the accuracy of the B/L.

Yours faithfully,
Übersee Import GmbH.

Enc.

Through B/L *(Anm. 32e)*
state *angeben*
mention *erwähnen*
avoid *vermeiden*
delay *Verzögerung*
acceptance *(Wechsel-) Akzept*
by your querying *dadurch, daß Sie anzweifeln od. in Frage stellen*
accuracy *Richtigkeit, Genauigkeit*

82. Mitteilung über Einfuhrgenehmigung

Wien, 23rd May, 19..

The Secretary,
The Cotton Dealers' Association,
36, Deansgate,
Manchester, 3
England.

Dear Sir,

Thank you for your letter of 17th May, in which you enquired about the possibility of Austrian firms making cotton purchases from various Manchester mills against orders for optical instruments, pharmaceutical preparations, electrical apparatuses, fertilizers, and PVC (polyvinyl chloride) articles, placed in Austria by Manchester firms.

I am pleased to inform you that several applications for exchange certificates for payment in June 19.. have been granted by the financial authorities, and I am attaching a list of them to this letter.

I regret having to tell you that, for the moment, no more permits can be granted as there is no more foreign exchange available for imports of the kind

secretary *Prokurist, Sekretär*
Cotton Dealers' Association *Verband der Baumwollhändler* [12]
enquire *anfragen (Anm.)*
possibility *Möglichkeit*
Austria *Österreich*
Austrian *österreichisch*
firm *Firma*
make purchases from *einkaufen bei*
various *verschieden*
mill *Fabrik*
order *Auftrag*
optical instrument *optisches Gerät*
pharmaceutical preparations *pharmazeutische Präparate*
electrical apparatus *Elektrogerät*
fertilizer *Kunstdünger*
PVC articles = polyvinyl chloride articles *Waren aus Polyvinylchlorid*
place an order *e-n Auftrag erteilen*
several *mehrere*
application *Gesuch, Antrag*
exchange certificate *Austauschbescheinigung (Anm. 17)*
payment *Zahlung*
grant *bewilligen*
financial authorities *Finanzbehörde(n)*
attach *beifügen*
regret *bedauern*
permit *Erlaubnisschein, Genehmigung*
foreign exchange *Devisen*
available *verfügbar*
kind *Art*

you are concerned with. I feel sure you understand that such restrictions are determined by Austria's financial position, but I hope that, in the very near future, the restrictions will be eased, and in the event of this happening, I shall communicate with you immediately.

Yours faithfully,
Secretary to the
Viennese Chamber of Commerce

Enc.

be concerned with *sich befassen mit*
feel sure *sicher sein*
understand *verstehen*
restriction *Einschränkung, Beschränkung*
determine *bestimmen*
financial position *Finanzlage*
ease *erleichtern, lockern*
in the event of this happening *wenn dies geschieht*
communicate with *sich in Verbindung setzen mit*
immediately *unmittelbar, sofort*
Viennese *Wiener*
chamber of commerce *Handelskammer*

83. Bankauftrag zur Einziehung eines Dokumentenwechsels

Hamburg, 2nd January, 19..

The Manager,
The Standard Bank
of South Africa Ltd.,
10, Clements Lane,
Lombard Street,
London, E.C.4
England.

Dear Sir,

We enclose for collection the attached B/E No. 173, amounting to £1027 at 30 d/s, o/ Patterson Bros. Ltd., Cape Town, D/P, with the following documents:

B/L (in duplicate)
Consular Invoice
Certificate of Origin
Insurance Policy
Copy of the above B/E

covering 10 Hi-Fi Record Players shipped by S.S. 'Kenilworth Castle' to Cape Town. The documents are to be handed to the consignee against payment only.

manager *Direktor, Geschäftsführer*
enclose *beifügen (Anm. 12)*
collection *Einziehung*
attach *beilegen, beifügen*
B/E = bill of exchange *(Anm. 39)*
amounting to *im Betrage von*
Cape Town *Kapstadt*
documents *(Anm. 32, d, i, j)*
insurance policy *Versicherungspolice*
above *obig*
covering *über*
Hi-Fi = high fidelity *(mit) tongetreue(r) Wiedergabe*
record player *Plattenspieler*
ship *verladen, verschiffen*
be to *sollen*
hand *aushändigen*
consignee *(Waren)Empfänger*
payment *Bezahlung*

If the bill is not accepted, please do not have it protested. In case of non-payment, however, the bill is to be protested. Should any difficulties arise, please leave the equipment in a bonded warehouse and, after expiration of the 45 days' warehouse risk, we should like you to renew the fire insurance at £1027 by applying to our agent, Mr. John Dewey, 12 Burlington St., Cape Town, who has our instructions.

Please inform us by cable in the above instance and send any other correspondence in this matter by air mail. The proceeds should be placed to our credit in the usual way.

Yours faithfully,
Gebr. Lange & Co.

Enc's.

bill *Wechsel*
accept *akzeptieren (Anm. 40)*
have a bill protested *einen Wechsel zu Protest gehen lassen (Anm. 43)*
non-payment *Nichtzahlung*
difficulty *Schwierigkeit*
arise *sich ergeben*
leave *(be)lassen*
equipment *Gerät(e)*
bonded warehouse *(Anm. 33)*
expiration *Ablauf*
warehouse risk *Lagerrisiko (Anm. 34)*
renew *erneuern*
fire insurance *Feuerversicherung*
apply to *sich wenden an*
agent *Vertreter*
instruction *Anweisung*
cable *Kabel, Telegramm*
in the above instance *in obigem Fall*
matter *Angelegenheit*
proceeds *pl. Erlös*
place to a p's credit *j-m gutschreiben*
in the usual way *wie üblich*

84. Beauftragung einer Bank zur Akzepteinholung bei einer anderen Bank

Hamburg, 8th November, 19..

Brown, Shipley & Co. Ltd.,
Founders Court,
Lothbury,
London, E.C.2
England.

Dear Sirs,

In continuation of my letter of 6th November, I am sending you today the following attached original documents:

1 negotiable B/L

1 copy of my Commercial Invoice

1 Consular Invoice

in continuation of *im Anschluß an*
attach *beifügen*
documents *(Anm. 32, d, h, i)*
negotiable *(Anm. 32d)*
commercial invoice *(Anm. 32h)*
consular invoice *(Anm. 32i)*

for the under-mentioned goods shipped on S.S. 'Cano' today:

H.R. 656 – 45 bags Unwashed Coffee

J.T.C. 657 – 13 bags Unwashed Coffee.

Duplicates of the documents will be posted to you tomorrow.

I am writing to Fowler & Smith today and asking them to send you the insurance certificate. As soon as you have all the documents in your possession, please present the enclosed draft for £322, 90 d/s, on Banco Hispano-Americano, for acceptance and, upon obtaining it, surrender the attached documents. After the expiry of the 90 days, please collect the money and place the amount to my credit as usual.

I await your confirmation.

Yours faithfully,
Richard Hohlfeld

Enc's.

under-mentioned *unten angeführt*
goods *pl. Ware(n), Güter*
ship *verschiffen, verladen*
bag *Sack*
unwashed *ungewaschen*
coffee *Kaffee*
duplicate *zweite Ausfertigung*
post *(mit der Post) senden, schicken*
insurance certificate *Versicherungszertifikat*
possession *Besitz*
present for acceptance *zum Akzept vorlegen (Anm. 40)*
enclose *beifügen (Anm. 12)*
draft *Tratte, Wechsel (Anm. 39)*
surrender *ausliefern*
expiry *Ablauf*
collect *einziehen*
place to a p's. credit *j-m gutschreiben*
amount *Betrag*
await *erwarten*
confirmation *Bestätigung (Anm. 18)*

85. Anfrage einer Filiale an das Stammhaus wegen Beschaffung einer Herstellungslizenz

London, 23rd October, 19..

The Managing Director,
Kardorf & Welter AG.,
Postfach 230,
2 Hamburg,
Federal Republic of Germany

Dear Dr. Bern,

We have submitted the sample of 'Cleanalone' you sent us on 2nd October to extensive and exhaustive analyses and our staff chemists confirm the manufac-

managing director *Geschäftsführer*
Federal Republic *Bundesrepublik*
submit *unterwerfen, unterziehen [(Anm. 1)]*
sample *Muster, Probe*
Cleanalone (a liquid industrial hand cleanser *flüssiges Reinigungsmittel für stark verschmutzte Hände)*
extensive *umfassend, eingehend*
exhaustive *erschöpfend*
our staff chemists *Chemiker unseres Hauses od. Betriebs [18)]*
confirm *bestätigen (Anm.*

turers' claim that the product contains no abrasives, caustic materials, industrial solvents or other substances likely to cause damage to the skin. It seems eminently suited to the needs of our workers here in the United Kingdom as well as those in our Nigerian subsidiary. We do not think that the manufacturers would have any difficulty in obtaining the certificate of the Royal Institute of Public Health and Hygiene if they applied for it.

At the price the manufacturers quote it would not be worth our while to use 'Cleanalone' as there are a number of U.K. produced substitutes equally as good, and these are also obtainable in Nigeria under favourable tariff conditions. It would, however, be economically advantageous if we could manufacture it here under licence from the German manufacturers as this would eliminate import duty and the present surcharge besides avoiding transport and packaging costs. Production under licence would also have the added advantage of our being able to market it to the general public. The German manufacturers already have a number of their other products made in the U.K. and the U.S.A. under licence and in a recent conversation we had with their agent in London during which we indicated our interest in 'Cleanalone', he suggested that his principals would give sym-

manufacturer *Fabrikant, Hersteller*

---

claim *Behauptung*
product *Erzeugnis*
contain *enthalten*
abrasive *Scheuermittel, Schleifmittel*
caustic material *Ätzmittel*
industrial solvent *denaturiertes Lösungsmittel*
be likely to cause *wahrscheinlich verursachen*
damage to the skin *Hautschäden*
seem *scheinen*
eminently *ganz besonders*
suited to *geeignet für*
need *Bedürfnis, Erfordernis*
subsidiary *Tochtergesellschaft, Filiale*
difficulty *Schwierigkeit*
obtain *erhalten*
certificate *Bescheinigung*
Royal Institute of Public Health and Hygiene *(Anm. 19)*
apply for *beantragen*
quote *angeben, anführen*
it would not be worth our while *es würde sich für uns nicht lohnen*
use *gebrauchen, anwenden*
U.K. produced *im U.K. erzeugt od. hergestellt*
substitute *Ersatzstoff, -mittel*
equally *gleichermaßen*
obtainable *erhältlich*
favourable *günstig*
tariff conditions *Zollbedingungen* [*(Anm. 8)*]
economically *wirtschaftlich*
advantageous *von Vorteil, vorteilhaft* [*seitigen*]
eliminate *ausschalten, be-*
import duty *Einfuhrzoll*
present *augenblicklich, gegenwärtig*
surcharge *Aufpreis*
besides *außer*
avoid *vermeiden*
packaging costs *Verpackungskosten*
production *Herstellung*
added *zusätzlich*
advantage *Vorteil*
market *auf den Markt bringen, verkaufen*
general public *Allgemein-* [*heit*]
recent *kürzlich*
agent *Vertreter*
indicate *andeuten*

pathetic consideration to a proposal to manufacture under licence.

Please let us have your comments on our suggestions and your views on whether or not we should proceed with negotiations towards production under licence.

Yours sincerely,
Ambrose Boyd,
Managing Director,
G. Carpenter & Co. (U.K.), Ltd.

interest in *Interesse an*
suggest *vorschlagen*
principal *Auftraggeber*

give sympathetic consideration to a th. *et. wohlwollend erwägen*
proposal *Vorschlag, Angebot*
let a p. have *j-m mitteilen*
comment(s) *Stellungnahme*
suggestion *Vorschlag*
view *Ansicht*
proceed *fortfahren*
negotiation *Verhandlung*
towards *in Richtung auf, über*

86. Trattenavis

Hamburg, 23rd October, 19..

Pouabou & Otoyie, Ltd.,
P.O. Box 96,
Accra,
Ghana.

Dear Sirs,

We have today shipped by S.S. Monrovia the order

V.D. 1/300 – 300 separately crated diode rectifier units

and we are enclosing invoice, customs invoice, and copy B/L. The first B/L, together with the second copy of the invoice, will be forwarded to you attached to our 90 d/s draft on you for the amount invoiced: £900, through the Bank of West Africa. We shall be grateful for your acceptance on presentation.

Owing to the bad state of the market, we have been obliged to reduce your commission from 5% to $3^1/_2$%. We are, however, about to conclude a very favourable

ship *verschiffen*
order *Auftrag*
separate *getrennt, einzeln*
crate *(in Lattenkisten) verpacken*
diode rectifier unit *Gleichrichterröhre, Zweipolröhre*
enclose *beifügen (Anm. 12)*
invoice *Rechnung*
customs invoice *Zollrechnung, Zollfaktura*
B/L = bill of lading *(Anm. 32 d)*
forward *senden, schicken*
attach *beifügen*
draft *Tratte (Anm. 39)*
amount *Betrag*
invoice *fakturieren, in Rechnung stellen*
grateful *dankbar*
acceptance *Akzept (Anm. 40)*
on presentation *bei Vorzeigung od. Vorlegung*
owing to *infolge, wegen*
state *Zustand, Lage*
be obliged *gezwungen sein*
reduce *herabsetzen*
commission *Provision (Anm. 10)*
be about *im Begriff sein*
conclude *abschließen*
favourable *günstig*

contract with a Danish manufacturer, which will enable us to raise your commission to 5% again.

Regarding cement, we are also negotiating with a German factory outside the syndicate and with a Belgian factory. As these lines are subject to market fluctuations, we do not intend to bind ourselves by contract for any period of more than 3 months.

We are unable to increase your commission on the other articles because their diversity and their being sold mostly in rather small quantities cause us a considerable amount of work and expense. We are, however, not unwilling to re-open discussion on this point in the near future.

Yours faithfully,
Kardorf & Winter

Enc.

contract *Vertrag, Abkommen*
manufacturer *Fabrikant, Hersteller*
enable *erlauben, befähigen*
raise *erhöhen*
regarding *in bezug auf, was ... anbetrifft*
negotiate *verhandeln*
factory *Fabrik*
syndicate *Ring (Verband für Preis- u. Verkaufsabsprachen)*
line *Ware(ngattung)*
subject to *unterworfen*
market fluctuation *Marktschwankung*
intend *beabsichtigen*
by contract *vertraglich*
period *Zeit(raum)*
be unable *nicht in der Lage sein*
increase *erhöhen*
diversity *Verschiedenheit*
sell *verkaufen*
cause *verursachen*
considerable *beträchtlich*
amount *Menge*
expense *sg. Kosten, Ausgaben*
be unwilling *abgeneigt sein*
re-open *wieder eröffnen od. aufnehmen*
point *Punkt*

87. Trattenavis an eine Bank gegen eine Kaffeesendung

Hamburg, 8th November, 19..

The Manager,
Banco Hispano-Americano,
7, Fenchurch Street,
London, E.C.2
England.

Dear Sir,

I have shipped today by S.S. Vesta:

H.K. 565 – 45 bags Unwashed Coffee

J.T.C. 657 – 13 bags Unwashed Coffee,

invoice value.. £402.50

80% .. £322.00

manager *Direktor, Geschäftsführer*
ship *verschiffen*
bag *Sack*
unwashed *ungewaschen*
invoice value *Rechnungswert*

as consignment for Sr. Luis Castillo, Barcelona. According to the terms agreed upon with this gentleman, I have drawn on you for 80% of the invoice amount, namely £322, at 90 d/s, O/o Comptoir National d'Escompte de Paris, and I shall be grateful if you accept my draft on presentation.

The original documents: 2 negotiable Bs/L, insurance certificate, 2 copies of my commercial invoice and consular invoice are in possession of the Comptoir National d'Escompte de Paris, London, E.C.4, who have been instructed to hand them over to you against acceptance of my draft as specified above.

Although we have done business together for some considerable time, I am surprised that, in view of frequent transactions, your charges have not been reduced. I should like to mention that the Bank of Central America has offered me the same facilities at charges 5% lower than yours and I feel that unless you can make a comparable offer I shall, with regret, have to transfer my business to them in the interests of my financial situation. Please let me have your comments on this.

Yours faithfully,
Richard Hohlfeld

consignment *Sendung*
Sr. = Señor *(span.) Herr*
according to *gemäß, laut*
term *Bedingung*
agreed upon *vereinbart*
draw *(Wechsel) ziehen, trassieren (Anm. 39)*
amount *Betrag*
grateful *dankbar*
accept *akzeptieren (Anm. 40)*
draft *Tratte, Wechsel*
on presentation *bei Vorzeigung*
original documents *(Anm. 32, d, h, i)*
insurance certificate *Versicherungszertifikat*
possession *Besitz*
instruct *beauftragen, anweisen*
hand over *übergeben, aushändigen*
acceptance *Akzept*
specify *spezifizieren, näher bezeichnen*
above *oben*
do business *in Geschäftsbeziehung stehen*
considerable *beträchtlich*
surprise *überraschen*
in view of *in Anbetracht, angesichts*
frequent *häufig*
transaction *Geschäftsabschluß*
charges *Gebühren*
reduce *herabsetzen*
mention *erwähnen*
offer *anbieten*
facilities *Möglichkeiten, Dienste*
feel *glauben, meinen*
unless *wenn nicht, es sei denn*
comparable *vergleichbar*
offer *Angebot*
regret *Bedauern*
transfer *übergeben, übertragen*
financial situation *Finanzlage*
let a p. have *j-m mitteilen*
comment(s) *Meinung, Stellungnahme*

88. Versandanzeige über Waren gegen Akkreditiv, Trattenavis über ungedeckten Rest

Fürth, September 20, 19..

Chaves & Co., Inc.
115 McGavock Pike
Nashville, Tenn. 37214
U.S.A.

Gentlemen:

We are writing to confirm our letter of Aug 10, and to acknowledge receipt of your irrevocable letter of credit for $700, which has been confirmed by our bank. We are grateful for your having agreed to our request in this matter.

The goods were shipped on S.S. 'Black Tein' on Sep 18, and we are enclosing copies of our invoices to the amount of $700 and $181.75. We are aware that the last amount exceeds your letter of credit and we are therefore taking the liberty of drawing on you at 120 d/s through our Bank against documents; we trust that this will be acceptable to you.

The additional goods we have sent you are mechanical toys and we have assumed that they will be readily saleable for the forthcoming Christmas season. Our Bank will let you have all the necessary documents, such as bills of lading, insurance policy, consular invoices, original invoices, board certificate, and draft in ample time before the goods arrive.

We regret to have to inform you that we have given up selling

---

Tenn. = *Tennessee (Staat der U.S.A.)*
confirm *bestätigen (Anm. 18)*
acknowledge *bestätigen (Anm. 18)*
receipt *Empfang*
irrevocable letter of credit *unwiderrufliches Akkreditiv (Anm. 4)*
grateful *dankbar*
agree *zustimmen, nachkommen*
request *Bitte, Wunsch*
matter *Angelegenheit*
goods *pl. Ware(n), Güter*
ship *verschiffen, verladen*
enclose *beifügen (Anm. 12)*
invoice *Rechnung*
to the amount of *im Betrage, in Höhe von*
$ 181.75 *181 Dollar 75 Cent*
be aware *sich bewußt sein, wissen*
exceed *übersteigen*
letter of credit *Akkreditiv*
liberty *Freiheit*
draw *(Wechsel) ziehen, trassieren (Anm. 39)*
documents *(Anm. 32)*
trust *darauf vertrauen, hoffen*
acceptable *annehmbar*
additional *zusätzlich*
mechanical toys *pl. mechanisches Spielzeug*
assume *voraussetzen, annehmen*
readily *leicht*
saleable *verkäuflich*
forthcoming *bevorstehend*
Christmas season *Weihnachtszeit, -saison*
let a p. have *j-m übergeben*
necessary *notwendig*
bills of lading *(Anm. 32d)*
insurance policy *Versicherungspolice*
consular invoice *(Anm. 32i)*
original invoice *Originalfaktura, -rechnung*
board certificate *(Anm. 32c)*
draft *Tratte, Wechsel*
in ample time *rechtzeitig, lange*
arrive *ankommen*
regret *bedauern*
give up *aufgeben*
sell *verkaufen*

children's scooters as we found these articles unprofitable.
We have taken particular care over this present consignment and we trust you will be fully satisfied.

Truly yours,
Heinrich Günther & Sohn

Enc.

children's scooter *Kinderroller*
find *halten für*
unprofitable *unrentabel*
take care over a th. *et. mit Sorgfalt behandeln, sich bei et. Mühe geben*
particular *besondere(r, -s)*
present *vorliegend*
consignment *Lieferung, Sendung*
satisfied *zufrieden*

89. Aufforderung zur Einlösung einer unbezahlten Tratte

Stuttgart, 10th October, 19..

Mr. Hamed Muhammad,
Amrut Building,
Ballard Estate,
P.O. Box 756,
Colombo,
Ceylon.

Dear Sir,

We confirm our letter of 15th July, in which we informed you that, according to advice from the Mercantile Bank, our draft No. 1705 for £709.20 due on 30th May against Invoice No. 14324 and Order No. 51/3302 had not yet been honoured.

We asked you to attend to this matter immediately, but to our astonishment we are advised by the Bank that, in spite of repeated requests, you have still failed to fulfil your obligations.

Through such delay considerable expenses are incurred such as rent, interest on arrears, additional insurance, etc., for which you are responsible.

We would remind you that our agreement with you is worded as

estate *Anwesen*
confirm *bestätigen (Anm. 18)*
according to *laut*
advice *Benachrichtigung*
mercantile *Handels...*
draft *Tratte, Wechsel*
due on *fällig am*
invoice *Faktura, Rechnung*
order *Auftrag*
honour *einlösen*
attend to a matter *sich e-r Sache annehmen*
immediately *sofort*
astonishment *Überraschung*
advise *benachrichtigen*
in spite of *trotz*
request *Bitte, Aufforderung*
fail *versäumen*
fulfil *erfüllen*
obligation *Verpflichtung*
delay *Verzögerung*
considerable *beträchtlich*
expenses *Kosten*
be incurred *entstehen*
rent *(Lager)Miete*
interest on arrears *Verzugszinsen*
additional insurance *Nachversicherung*
responsible *verantwortlich*
remind a p. *j. erinnern*

---

agreement *Vereinbarung*
be worded *lauten*
hereby *hiermit, hierdurch*
agree *übereinkommen*
accept *akzeptieren (Anm. 40)*
meet one's draft *s-n Wechsel einlösen*
when due *bei Fälligkeit*

follows: 'We hereby agree to accept your Draft promptly and to meet same when due without regard to objections respecting these goods, which shall be referred to arbitration. Should we not honour the Draft when presented or due, we hereby authorise you or your representatives to re-sell the goods by auction, private contract, or in such manner as may appear best to you, after giving us ten days' notice. We also agree to make good, on demand and without dispute, any deficiency arising from such sale.'

In view of the above agreement signed by you, we must ask you to honour our draft of £709.20 within 10 days after receiving this letter; failing this we shall be compelled to re-sell the goods and hold you responsible for any loss.

We trust that you will not neglect this last warning.

Yours faithfully,
Heinrich Günther & Sohn

without regard to *ohne Rücksicht auf*
objection *Beanstandung*
respecting *betreffend*
goods *pl. Ware(n), Güter*
refer to arbitration *e-m Schiedsgericht unterbreiten (Anm. 30)*
present *vorzeigen*
authorise *ermächtigen*
representative *Vertreter*
re-sell *wiederverkaufen, weiterverkaufen*
by auction *durch Versteigerung*
by private contract *freihändig*
manner *Art*
appear *erscheinen*
ten days' notice *zehntägige Frist*
make good *vergüten, ersetzen*
on demand *auf Verlangen*
dispute *Debatte*
deficiency *Verlust*
arise from *entstehen aus*
sale *Verkauf*
in view of *angesichts*
above *obig*
sign *unterzeichnen*
receive *empfangen, erhalten*
failing this *andernfalls*
compel *zwingen*
hold a p. responsible *j-n verantwortlich machen*
loss *Verlust, Schaden*
trust *darauf vertrauen, hoffen*
neglect *außer acht lassen, übergehen*

90. Versandanzeige über eine Kaffeekonsignation

Hamburg, 8th November, 19..

Sr. Luis Castillo,
286, Avenida José Antonio,
Barcelona-7,
Spanien.

Dear Sir,

In accordance with the instructions of my firm in Puerto Cabello, I shipped the following

Sr. = Señor *(span.) Herr*
in accordance with *in Übereinstimmung mit, gemäß*
instruction *Anweisung*
firm *Firma*
ship *verschiffen, verladen*

consignment of Coffee by S.S. Vesta to your address today:

H.R. 656 – 45 bags Unwashed Coffee, Type A 1

J.T.C. 657 – 13 bags Unwashed Coffee, Type A 2.

Please try to secure an immediate sale.

From your last report on the market situation in Spain, I assume that there should be favourable opportunities for disposing of just these types. If you could manage to obtain overprices, I should be greatly encouraged to send you further shipments. A 1 is somewhat better than my standard of this kind which, as you are aware, is the usual unwashed coffee. A 2 is true to type, but both, according to my information, originate from the Cordillera, and they should be especially attractive to your customers.

I enclose invoice and one non-negotiable B/L relating to the above-mentioned consignment. I have drawn on you in accordance with the terms of our agreement for 80% of the value of the consignment, i.e. £322, on your London bank, Banco Hispano-Americano, at 90 d/s, O/o Comptoir National d'Escompte de Paris, London.

I trust you will meet this draft on presentation and also let me have your account sales in due course.

Yours faithfully,
Richard Hohlfeld

Enc.

consignment *Lieferung, Sendung (Anm. 11)*
coffee *Kaffee*
bag *Sack*
unwashed *ungewaschen*
secure *erlangen, erreichen*
immediate *sofortig*
sale *Verkauf*
report *Bericht*
market situation *Marktlage*
assume *annehmen*
favourable *günstig*
opportunity *Gelegenheit*
dispose of *unterbringen, verkaufen*
manage *bewerkstelligen*
obtain *erhalten*
overprice *Überpreis*
greatly *sehr*
encourage *ermutigen*
further *weiter(er, -e, -es)*
shipment *Sendung, Lieferung*
kind *Art*
be aware *wissen*
usual *gewöhnlich*
true to type *markengerecht*
according to my information *meines Wissens (Anm. 3)*
originate from *stammen aus*
especially *besonders*
attractive *zugkräftig, ansprechend*
customer(s) *Kunde(n, Kundschaft)*
enclose *beifügen (Anm. 12)*
invoice *Faktura, Rechnung*
non-negotiable *nicht übertragbar* *[32 d)*
B/L = bill of lading *(Anm.*
relate to *sich beziehen auf*
above-mentioned *obenangeführt*
draw *(Wechsel) ziehen, trassieren (Anm. 39)*
term *Bedingung*
agreement *Vereinbarung*
value *Wert*
trust *darauf vertrauen, hoffen*
meet *einlösen*
draft *Tratte, Wechsel*
on presentation *bei Vorzeigung*
let a p. have *j-m zuschicken*
account sales *Verkaufsabrechnung (Anm. 11 b)*
in due course *zu gegebener Zeit*

91. Eröffnung eines ungedeckten Ausfuhrkredits

Hamburg, 10th October, 19..

Marlowe & Johnson, Ltd.,
35, Station Road,
Freetown,
Sierra Leone.

Dear Sirs,

We thank you for your prompt reply to our letter of 15th August and, after consulting our bank, we feel we can grant you the desired blanco credit of £1000. We shall therefore make the first shipments to the value of the total amount without drawing on you simultaneously.

The rate of interest for the amount is 8% p.a. which, as the credit is unsecured, is not unreasonably high.

In return you undertake to supply us with the products, mainly palm kernels, of the planters with whom you are connected in Sierra Leone. The minimum quantity of palm kernels is to be 100 tons per month, sold on commission, and on which we are willing to advance 75% of the value against documents in Freetown.

Together with the documents, a certificate of quality is to be handed to the bank in Freetown, duly signed by you as well as by a middleman whom we shall appoint. The certificate must also contain the signature of an official of the bank who has inspected the goods before shipment.

Yours faithfully,
Kardorf & Winter

reply *Antwort*
consult *befragen, Rücksprache nehmen mit*
feel *glauben, meinen*
grant *gewähren*
desired *erwünscht, gewünscht*
blanco credit *ungedeckter Kredit*
first *(Anm. 9)*
shipment *Ladung, Sendung; Verschiffung*
to the value of *im Werte von*
total amount *Gesamtbetrag*
draw *(Wechsel) ziehen, trassieren*
simultaneously *gleichzeitig*
rate of interest *Zinssatz*
credit *Kredit*
unsecured *ohne Deckung*
unreasonable *unvernünftig, unangemessen*
in return *dagegen, als Gegenleistung*
undertake *auf sich nehmen, sich verpflichten*
supply *beliefern*
product *Erzeugnis*
mainly *hauptsächlich*
palm kernel *Palmkern*
planter *Pflanzer*
be connected *in Verbindung stehen*
be to *sollen*
ton *Tonne*
sell *verkaufen*
on commission *auf Provision (Anm. 10)*
be willing *bereit sein*
advance *vorstrecken, vorschießen*
documents *(Anm. 32)*
certificate of quality *Gütezeugnis (Anm. 32j)*
hand to *einreichen bei, übergeben*
duly *ordnungsgemäß*
sign *unterzeichnen*
middleman *Mittelsmann*
appoint *ernennen*
contain *enthalten*
signature *Unterschrift*
official *Beamter*
inspect *besichtigen*
goods *pl. Ware(n), Güter*

92. Bestätigung eines Akkreditivs

New York, September 15, 19..

Carl Witthöft & Co.,
Kaiser-Wilhelm-Straße 5,
2 Hamburg 36,
Germany.

Gentlemen:
We hereby authorise you to draw on us for the account of William Scott & Co., Inc., Boston, for any sum or sums not exceeding a total of three thousand five hundred U.S. dollars ($3500.00) available by your drafts at sight when accompanied by the following documents:

3 bills of lading
consular invoice

evidencing shipment of W S C 1/50–50 cases Rotary Power Mowers from Hamburg to Boston, insurance to be effected by the consignees. The bills of lading to be made out to the order of William Scott & Co., Inc.

1. The amount of any draft drawn under this credit must be endorsed on the reverse thereof, and the presentation of each draft, if negotiated, shall be a warranty by the negotiating bank that such endorsement has been made and that the documents have been forwarded as herein required. If the draft is not negotiated this credit and all relative documents must accompany the draft.

2. This credit must accompany any draft which exhausts the cred-

hereby *hierdurch, hiermit*
authorise *ermächtigen*
draw *(Wechsel) ziehen, trassieren*
account *Rechnung, Konto*
exceed *überschreiten*
total *Gesamtsumme*
available *erhältlich*
draft at sight *Sichttratte, -wechsel (Anm. 39)*
accompany *begleiten*
documents *(Anm. 32d, i)*
evidence *aus-, nachweisen*
shipment *Verladung, Verschiffung*
case *Kiste*
rotary power mower *Mähmaschine mit Umlaufmotor*
insurance *Versicherung*
effect *abschließen*
consignee *Empfänger*
make out to the order of a p. *an die Order von j-m ausstellen*

amount *Betrag*
under this credit *auf Grund dieses Akkreditivs (Anm. 4b)*
endorse on the reverse *auf der Rückseite angeben (Anm. 12)*
presentation *Vorlegung, Vorzeigung*
negotiate *übertragen, (weiter)begeben*
warranty *Gewähr, Garantie*
forward *senden*
as herein required *wie hierin vorgeschrieben*
relative *diesbezüglich*

exhaust *erschöpfen, aufbrauchen*

it and must be surrendered concurrently with the payment of such draft.

3. We hereby engage with the drawers, endorsers and bona fide holders of drafts drawn under and in compliance with the terms of this credit that the same shall be duly honoured on presentation and delivery of documents as specified, if negotiated or presented on or before December 31, 19..

Truly yours,
Bank & Trust Company

surrender *übergeben*
concurrently *gleichzeitig*
payment *Zahlung*
engage with *sich verpflichten gegenüber*
drawer *Aussteller*
endorser *Indossant*
bona fide holder *rechtmäßiger Inhaber*
in compliance with *gemäß, in Übereinstimmung mit*
term *Bedingung*
duly *ordnungsgemäß*
honour *einlösen*
delivery *Auslieferung*
as specified *wie angegeben*
present *vorzeigen, vorlegen*

93. Beantwortung eines Vertreterberichtes über niedrige Konkurrenzpreise

Coburg, 11th November, 19..

W.F. Ramsden & Son, Ltd.,
Wholesale Dealers,
25, High Street,
Georgetown,
Guyana.

Dear Sirs,

We have received your letter of 20th October and thank you for your report on the last shipment of cups and saucers.

We are sorry to have to say that we do not understand your remarks about our competitors' prices, and we can only assume that you referred to price differences determined by either seconds or articles in an entirely different quality range. We suggest postponement of further discussion on this point until after the present consignment has been delivered to the buyer, in

wholesale dealer *Großhändler*
receive *erhalten, empfangen*
report *Bericht*
shipment *Ladung, Sendung, Lieferung*
saucer *Untertasse*
remark *Bemerkung*
competitor(s) *Konkurrent (-en, Konkurrenz)*
assume *annehmen, vermuten*
refer to *sich beziehen auf*
difference *Unterschied*
determine *bestimmen*
seconds *Waren zweiter Qualität od. Wahl*
entire *vollständig*
quality range *Qualitätsklasse*
suggest *vorschlagen*
postponement *Verschiebung*
further *weiter(er, -e, -es)*
point *Punkt*
present *gegenwärtig*
consignment *Lieferung, Sendung (Anm. 11)*
deliver *(aus)liefern*
buyer *Käufer*

---

case *Fall*
satisfied *zufrieden*

which case you will be able to inform us if he is satisfied or complaining.

Our experience in this field covers more than 20 years and is based on connections with top-grade manufacturers. Our large contracts have ensured that our prices were kept low. Either our suggestions in the preceding paragraph are correct or our competitors are miscalculating or undercutting at a loss to themselves. If either of the latter assumptions is right, they will, in the long run, seriously harm their own reputation and interests.

Yours faithfully,
Bernhard Korn & Rüfenacht

complain *reklamieren*
experience *Erfahrung*
in this field *auf diesem Gebiet*
cover more than 20 years *mehr als 20 Jahre betragen*
be based on *beruhen auf*
connection *Verbindung*
top-grade manufacturer *erstklassiger Fabrikant*
contract *Vertrag, Abschluß*
ensure *garantieren*
keep low *niedrig halten*
suggestion *Vermutung*
preceding *vorausgehend*
miscalculate *sich verrechnen*
undercut *unterbieten*
at a loss *mit Verlust*
either *eine(r, -es) (von zweien)*
latter *letzterer (-e, -es)*
assumption *Annahme*
in the long run *auf die Dauer gesehen, auf lange Sicht*
serious *ernsthaft*
harm *gefährden, schaden*
reputation *Ruf*

94. Ernennung eines Überseevertreters

Hamburg, 11th October, 19..

Russell & Fisher Ltd.,
P.O. Box 47,
Accra,
Ghana.

Dear Sirs,

We are in full agreement with your letter of 10th September and hereby appoint you our general agents for Ghana. We undertake to transact all business with that country through you alone; in return you will look after our interests to the best of your ability in the whole of Ghana, and this, if necessary, through sub-agents to be appointed by you.

We are particularly keen on developing our trade in the in-

be in full agreement with *völlig übereinstimmen mit*
hereby *hiermit*
appoint a p. *j. ernennen zu*
agent *Vertreter*
undertake *sich verpflichten*
transact *tätigen*
business *Geschäft(e)*
in return *dafür, dagegen*
look after *wahrnehmen*
to the best of one's ability *nach besten Kräften*
in the whole of *in ganz*
necessary *notwendig*
sub-agent *Untervertreter*
particularly *besonders*
be keen on a th. *auf et. großen Wert legen*
develop *entwickeln*
trade *Handel*

---

interior *Inneres*
especially *besonders*
district *Bezirk*
expect *erwarten (von)*
considerable *beträchtlich*
effort *Anstrengung*
further *fördern*
region *Gebiet*

terior and especially in the district of Kumasi; we expect you to make considerable efforts to further our interests in that region.

We cannot, at present, contribute directly to expenses, but we shall allow you £50 per month to enable you to establish and maintain a showroom for our firm. We are also prepared to let you have samples to the total value of £1,500 free of charge, such samples remaining the property of our firm. More samples will be sent to you on request but will be charged for at the full price.

We request you to be particularly careful in granting credit, and when sending indent orders, please accompany them with full particulars of the customer's financial position and business reputation. Sales are to be effected against 90 days' D/A draft. For further details as to terms please refer to the enclosed contract.

Yours faithfully,
Kardorf & Winter

Enc.

at present *gegenwärtig*
contribute to *beitragen zu*
expenses *Spesen*
allow *gewähren*
enable *ermöglichen*
establish *einrichten*
maintain *unterhalten*
showroom *Ausstellungs-*|
firm *Firma* [*raum*|
be prepared *bereit sein*
let a p. have *j-m zugehen lassen, j-m senden*
sample *Muster (Anm. 1)*
to the total value of *im Gesamtwert von*
free of charge *kostenlos*
remain *bleiben*
property *Eigentum*
on request *auf Verlangen*
charge for *berechnen*
request *bitten, ersuchen*
careful *vorsichtig*
grant *gewähren*
indent order *(Auslands-) Auftrag, Warenbestellung (Anm. 15)* [*geben*|
accompany *begleiten, bei-*|
particulars *Einzelheiten*
customer *Kunde*
financial position *Finanz-*|
reputation *Ruf* [*lage*|
sale *Verkauf*
effect *abschließen*
D/A = documents against acceptance *(Anm. 32 u. 40)* [*(Anm. 39)*|
draft *Tratte, Wechsel*|
further *weiter(er, -e, -es)*
detail *Einzelheit*
as to *bezüglich, über*
term *Bedingung*
refer to *nachschlagen, nachsehen in*
enclose *beifügen (Anm. 12)*
contract *Vertrag*

95. Anweisung an einen Überseevertreter

München, 5th October, 19..

Ingham, Black & Co., Ltd.,
67, Albion Circus,
Birmingham, 2
England.

Dear Sirs,

Our letter of 27th August crossed yours of 16th August, the contents of which we have noted.

cross *(sich) kreuzen (mit)*
contents *pl. Inhalt*
note *zur Kenntnis nehmen*

Order No. 1: we are enclosing our pro-forma invoice together with a copy for you. Please obtain confirmation of this order and cable us by appropriate code word without signature. From our invoice you can see that, save for the razor blade disposers, we have been cheaper than we estimated in all the articles. As the customer did not state precisely the qualities he required, we have provided the best and this might create a problem for you, but we authorise you to use your discretion in case of difficulty.

Staplers: we no longer supply the series indicated but have replaced them by others which are more substantial and modern in form. We await your confirmation of sale by return in accordance with pro-forma invoice.

Orders No. 2 and 3: as, in the meantime, you will have received our sample collection, please confirm these orders in accordance with the samples and our price-list, stating our corresponding catalogue numbers. You have also omitted to let us have the illustrations you promised.

It was quite correct of you to send us the order originally destined for Oskar Korn & Co., Hamburg; this firm has now ceased to trade.

Yours faithfully,
Hüttenrauch & Worbs

Enc.

order *Auftrag*
enclose *beifügen (Anm. 12)*
pro-forma invoice *Pro-forma-Rechnung (Anm. 11)*
obtain *erhalten, sich verschaffen*
confirmation *Bestätigung (Anm. 18)*
cable *kabeln, telegraphieren*
appropriate *geeignet*
code *Code, Schlüssel (Anm. 25)*
signature *Unterschrift*
save for *bis auf*
razor blade disposer *Behälter für gebrauchte Rasierklingen*
estimate *schätzen*
customer *Kunde*
state *angeben*
precise *genau*
require *verlangen, benötigen*
provide *beschaffen, besorgen, liefern*
create *schaffen*
authorise *ermächtigen*
use one's discretion *nach eigenem Ermessen handeln*
in case *im Falle*
difficulty *Schwierigkeit*
stapler *Heftmaschine*
supply *liefern*
series *Serie*
indicate *angeben*
replace *ersetzen*
substantial *kräftig, stark*
await *erwarten*
by return (of post) *postwendend, umgehend*
in accordance with *in Übereinstimmung mit, gemäß*
in the meantime *inzwischen*
receive *erhalten*
sample collection *Musterkollektion (Anm. 1)*
correspond (to) *entsprechen, übereinstimmen (mit)*
omit *versäumen*
let a p. have *j-m zusenden*
illustration *Abbildung*
promise *versprechen*
original *ursprünglich*
be destined for *bestimmt sein für*
firm *Firma*
cease to trade *keine Geschäfte mehr abschließen, sich auflösen*

96. Bitte um Wiederaufnahme alter Geschäftsbeziehungen

Nürnberg, 20th September, 19..

The Manager,
Toys Department,
North London Stores Ltd.,
7, Parker Street,
Kingsway,
London, W.C.2
England.

Dear Sir,

We have observed with regret that we have not received an order from you for some considerable time. If this is because of some shortcoming in our service or because our articles have proved unsatisfactory, we should be grateful if you were to let us know. If your sales policy has changed, we might still be able to supply you with goods if you indicated to us the direction of the changes.

We assume that you are still selling the same range of toys and games, and we are therefore enclosing our latest illustrated and descriptive catalogue, which we feel compares favourably with those of our competitors. We should like to draw your attention to our terms, which are now considerably easier than previously as exchange control and other official measures have been relaxed or abolished since we last did business with you.

We should be very pleased to renew our old business relations with you and we look for-

manager *Direktor, Geschäftsführer*
toys department *Spielwarenabteilung*
department store *Warenhaus*
observe *bemerken*
regret *Bedauern*
receive *erhalten*
order *Auftrag*
considerable *beträchtlich*
shortcoming *Mangel*
service *(Dienst)Leistung(en)*
prove *sich erweisen*
unsatisfactory *unbefriedigend*
grateful *dankbar*
were to let *ließen*
sales policy *Verkaufspolitik*
change *sich ändern, wechseln*
supply *(be)liefern*
goods *pl. Ware(n), Güter*
indicate *angeben*
direction *Richtung*
change *Veränderung*
assume *annehmen*
sell *verkaufen*
range *Sortiment*
toy *Spielzeug*
game *Spiel*
enclose *beifügen (Anm. 12)*
latest *(Anm. 5)*
illustrated and descriptive catalogue *ausführlicher Bildkatalog*
feel *meinen, glauben*
compare *(sich) vergleichen (lassen)(Anm. 20)*
favourable *vorteilhaft, günstig*
competitor(s) *Konkurrent (-en, Konkurrenz)*
draw a p's. attention to a th. *j-s Aufmerksamkeit auf et. lenken*
term *Bedingung*
easy *bequem, günstig*
previous *früher*
exchange control *Devisenbestimmungen, -überwachung*
official measure *offizielle Maßnahme*
relax *erleichtern, lockern*
abolish *abschaffen, aufheben*
do business with a p. *mit j-m in Geschäftsverbindung stehen*
renew *erneuern*

ward to hearing from you in the near future.

Yours faithfully,
Heinrich Lange

Enc.

business relations *Geschäftsbeziehung, -verbindung*

look forward to a th. *sich auf et. freuen, e-r Sache entgegensehen*

97. Anfrage wegen Unterkunft während einer Geschäftsreise

Aachen, 3rd October, 19..

The Manager,
Hotel Tavistock,
Tavistock Square,
London, W.C.1
England.

Dear Sir,

Our managing director, Herr Fritz Reimann, and his secretary intend to make an extended business trip to the Home Counties from 14th November to 20th December and use London as their headquarters. Please let us know if you can provide them with two single rooms with baths for this period and your charges for accommodation and breakfast.

If you have no vacancies suitable, perhaps you could arrange accommodation of the above nature in one of the other central London hotels associated with your Group.

Please let us have an early reply.

Yours faithfully,
Freidank & Co.

Enc:
International Reply Coupon

manager *Direktor, Geschäftsführer*
managing director *geschäftsführender Direktor*
secretary *Sekretär(in)*
intend *beabsichtigen*
extended *ausgedehnt*
business trip *Geschäftsreise*
Home Counties *(Anm. 44)*
use *gebrauchen, benützen*
headquarters *Hauptquartier, Standort*
provide *haben lassen, zur Verfügung stellen*
single room *Einzelzimmer*
bath *Bad*
period *Zeit(raum)*
charge *Gebühr, Preis*
accommodation *Unterkunft*
breakfast *Frühstück*
have no vacancies *nichts frei haben*
suitable *geeignet, passend*
arrange *besorgen*
of the above nature *obiger Art*
associate *verbinden, angliedern*
group *(Anm. 45)*
early *früh, baldig (Anm. 24)*
reply *Erwiderung, (Be-)Antwort(ung)*
international reply coupon *internationaler Antwortschein (Anm. 21)*

98. Bewerbung um eine Vertretung

Hamburg, 15th October, 19..

Wm. Donaldson Bros. Ltd.,
Electrical Products Manufacturers,
99, Dalston Lane,
London, E.8
England.

Dear Sirs,

Having seen your advertisement in the 'Wirtschaftskurier' of 14th October, I should like to offer you my services as representative of your firm in Germany.

I have been in the electrical business since 19.. and have for some time been acting as an agent for Messrs. John Hill & Sons Ltd., 27, Aldersgate Street, London, E.C.2. This firm has, however, recently been taken over by the Easting House Electrical Corporation of the U.S.A. thus losing its identity, and it is now being represented in Germany by the representatives of the latter organisation.

I have good connexions throughout the wholesale trade and a thorough experience of the articles you produce and am therefore in a good position to know how to promote your products. I am sure that I could achieve highly satisfactory sales on your behalf in spite of the import duties and the fact that your country is outside the Common Market.

The firms and organisations on the attached list have agreed

electrical products *Elektroartikel, -geräte*
manufacturer *Hersteller, Fabrikant*

advertisement *Anzeige*
offer *anbieten*
service *Dienst*
representative *Vertreter*
firm *Firma*
electrical business *Elektrobranche*
act as *wirken als, tätig sein als*
agent *Vertreter*
recent *kürzlich*
take over *übernehmen*
corporation *Aktiengesellschaft*
lose *verlieren*
represent *vertreten*
latter *letzterer (-e, -es)*
connexion *Verbindung*
throughout *überall in*
wholesale trade *Großhandel*
thorough *gründlich*
experience *Erfahrung*
produce *herstellen*
be in a good position to *zu (et.) gut in der Lage sein*
promote *werben für, (den Verkauf) fördern (von)*
achieve *erreichen*
highly *höchst*
satisfactory *zufriedenstellend*
sale(s) *Absatz(-), Umsatz(-), Verkauf(sziffern)*
on your behalf *in Ihrem Namen, für Sie*
in spite of *trotz*
import duty *Einfuhrzoll*
fact *Tatsache*
country *Land*
Common Market *Gemeinsamer Markt*
attach *beifügen*
agree *zustimmen*

to allow me to use them as referees, so when requiring references, please write to them.

Yours faithfully,
Georg Schneider

Enc.

allow *erlauben*
use *gebrauchen, benützen*
referee *Referenz(geber, -steller)*
require *verlangen, benötigen*
reference *Empfehlung, Referenz*

99. Bewerbung um eine Korrespondentenstelle

Bremen, September 1, 19..

A. Taylor & Sons, Inc.
Export Merchants
661 East 241st Street
Bronx, N.Y. 10470
U.S.A.

Gentlemen:

Foreign Correspondent

I should like to be considered for the vacant post of foreign correspondent in your New York office as advertised in the "Handelsblatt" of August 30.

I am 26 years old, single, and have had 3 years' general office experience. I attended a higher commercial school in Berlin and obtained my commercial diploma, and was then apprenticed to Messrs. A .Wilms & Co., Exporters & Importers, Bremen, in whose employ I still am as a correspondent.

I have become fully conversant with book-keeping, German and English shorthand, typing, English, French and Spanish correspondence.

My main reason for wishing to come to the U.S.A. is to extend my commercial knowledge, especially of shipping and the export

export merchant *Exportkaufmann*
foreign correspondent *Auslandskorrespondent*
consider *berücksichtigen, in Betracht ziehen*
vacant *frei, offen*
post *Stelle, Posten*
office *Büro*
advertise *anzeigen, annoncieren*
single *ledig*
general *allgemein*
office experience *Büropraxis, -erfahrung*
attend *besuchen*
higher commercial school *höhere Handelsschule*
obtain *erlangen, erhalten*
commercial diploma *Handelsdiplom*
be apprenticed to *bei j-m in die Lehre gehen*
be in a p's. employ *in j-s Dienst stehen, bei j-m beschäftigt sein*
conversant *vertraut*
book-keeping *Buchhaltung*
shorthand *Kurzschrift*
typing *Maschinenschreiben*
main reason *Hauptgrund*
extend *erweitern*
commercial knowledge *kaufmännische Kenntnisse*
especially *besonders*
shipping *(AE) Transportgeschäft, Speditionsgeschäft*

---

trade *Handel*
improve *verbessern, vervollkommnen*
present *gegenwärtig*
employer *Arbeitgeber*
be aware of a th. *über et. unterrichtet sein, (über) et. (Bescheid) wissen*

trade, and to improve my English. My present employers are aware of my intention and are willing to provide references for my character and business capacities.
I hope to have your reply in due course.

Yours truly,
Werner Schulze

intention *Absicht*
willing *bereit, willens, gewillt*
provide *geben, zur Verfügung stellen*
reference *Referenz, Empfehlung*
business capacity *geschäftliche Fähigkeit*
reply *Erwiderung, Beantwortung*
in due course *zu gegebener Zeit*

100. Bitte um Referenzerteilung

Wiesbaden, 12th May, 19..

G. Webster & Co. Ltd.,
24, Russell Square,
London, W.C.1
England.

Dear Sirs,

Mr. Albert K. Jackson

We are considering employing Mr. A.K. Jackson as our representative in Accra and Lagos and he has given us permission to contact you for a reference.

The position we have in mind for him is one of great responsibility and trust and we should be most grateful if you could let us have some information about your connexions with him, and for how long you have been acquainted with him.

We assure you that anything you may tell us will be treated by us in the strictest confidence, and in addition to the above details, we should be grateful to have your opinions on his general business ability and integrity.

Yours faithfully,
Hermann Berger AG.

consider *in Betracht ziehen, erwägen*
employ *anstellen, beschäftigen*
representative *Vertreter*
give permission *Erlaubnis erteilen*
contact a p. *mit j-m Verbindung aufnehmen*
reference *Referenz, Empfehlung*
position *Stelle, Posten, Position*
have a th. in mind *et. im Auge haben, an et. denken*
responsibility *Verantwortung*
trust *Vertrauen*
grateful *dankbar*
let a p. have *j-m zukommen lassen*
information *Information (-en), Auskunft, Auskünfte (Anm. 3)*
connexion *Verbindung*
be acquainted with a p. *mit j-m bekannt sein, j. kennen*
assure *versichern*
tell *mitteilen*
treat *behandeln*
in the strictest confidence *streng vertraulich*
in addition to *zusätzlich zu, außer*
above *obig*
detail *Einzelheit*
opinion *Meinung, Ansicht*
general *allgemein*
business ability *geschäftliche Fähigkeit*
integrity *Integrität, Rechtschaffenheit*

ANMERKUNGEN

1. „Muster", „Probe" heißt bei Fertigwaren gewöhnlich *pattern*, bei Rohstoffen *sample*; also: *a pattern of silk* „ein Seidenmuster"; *a sample of tea* „eine Teeprobe". Gelegentlich kommt jedoch *sample* auch für Fertigwaren vor, wenn es sich um Stückware handelt: *samples of shoes, hats, instruments etc.* „einzelne Schuhe, Hüte, Instrumente usw. als Muster". *Pattern* bedeutet ebenfalls die „Musterung": *a checked pattern* „ein Karomuster".

2. In Interrogativ- und Relativsätzen kann man sich auf eine Firma sowohl mit dem persönlichen Pronomen *who* als auch mit dem sächlichen Pronomen *which* beziehen.

3. *information* „Mitteilung", „Auskunft" (oder „Mitteilungen", „Auskünfte") hat im Englischen keine Pluralform.

4. a) Das „unwiderrufliche Akkreditiv", *irrevocable (letter of) credit*, ist ein im Auslandshandel häufig benutztes Zahlungsmittel. Der Käufer weist seine Bank an, einen Betrag unwiderruflich auf der Bank des Verkäufers zu deponieren. Diese Bank darf dem Verkäufer den Betrag nur gutschreiben oder auszahlen, wenn er die Verschiffungspapiere (s. Anm. 32) vorlegt. Sowohl der Käufer als auch der Verkäufer sind auf diese Weise geschützt: das Geld des Käufers wird nur auf den Beweis hin, daß die Waren abgeschickt wurden, ausgehändigt; der Verkäufer weiß, daß der Betrag nicht vor Beendigung des Kaufvertrages von dem Käufer zurückgezogen werden kann. In vielen Fällen ist die Unwiderruflichkeit des Akkreditivs durch ein Datum begrenzt, nämlich das vereinbarte Datum der Lieferung, so daß der Verkäufer auch gezwungen ist, den Liefertermin einzuhalten, um das Geld zu bekommen.
Das „widerrufliche Akkreditiv", *revocable (letter of) credit*, ist verständlicherweise nicht so beliebt; der Käufer kann das Geld jederzeit zurückziehen, und der Verkäufer verliert dadurch jegliche Zahlungsgarantie.
b) Amerikanische Firmen bevorzugen ein leicht abgeändertes Akkreditivsystem: sie eröffnen ein „Akkreditiv" *(letter of credit)* bei einer amerikanischen Bank, die sich an den Verkäufer direkt wendet und ihn anweist, den Rechnungsbetrag durch einen Wechsel auf sie zu erheben und ihr die für den Käufer notwendigen Verschiffungspapiere (s. Anm. 32) zuzuschicken.

5. Im Englischen gibt es zwei Übersetzungen für „der (die, das) letzte": *the latest*, wenn es sich um etwas noch Bestehendes handelt, *the last*, wenn man sich auf etwas Vergangenes bezieht; also: *your latest catalogue* „Ihr letzter (d. h. zuletzt erschienener, neuester, jetzt geltender) Katalog", aber *your last catalogue* „Ihr letzter (d. h. voriger, vergangener, nicht mehr geltender) Katalog".

6. Der allgemeine Ausdruck für „Abzug" ist *reduction*; *to reduce by* bzw. *to* „um" bzw. „auf ... ermäßigen"; *rebate* ist eine „Ermäßigung", die als eine Art Belohnung gegeben wird, z. B. für alte Kundschaft, ein „(Mengen)Rabatt" für die Abnahme von großen Mengen oder für regelmäßige Aufträge; *discount*, das „Skonto", ist ein „Nach-

laß" bei Barzahlung oder Zahlung vor Fälligkeit; *allowance* ist ein „Preisnachlaß", der meist als Ausgleich für schlechte Qualität oder beschädigte Waren gewährt wird.

7. „Kontrolle" und „kontrollieren" wird in den meisten Fällen nicht durch das englische *control* sondern durch *check* wiedergegeben, ein Verb, das in Handelsbriefen häufig verwendet wird. Es bedeutet „nachprüfen" oder „abhaken" (von Rechnungen usw.) und kann oft mit dem folgenden Wort zusammengezogen werden: *to check the weight* „nachwiegen", *to check the measurements* „nachmessen" usw. (man beachte, daß *check* ebenfalls die amerikanische Schreibweise für *cheque* „Scheck" ist); *the control* oder *to control* wird nur benutzt, wenn der Sinn die „Leitung von" oder „Herrschaft über" einschließt, wie z. B. in *Control Office*, eine Behörde, die verschiedene Importangelegenheiten regelt.

8. Für das deutsche „wirtschaftlich" gibt es im Englischen zwei Übersetzungen, nämlich *economic* im Sinne von „zur Wirtschaft gehörig" und *economical* im Sinne von „sparsam"; das Adverb ist bei beiden gleich: *economically*.

9. Wenn sich die Wörter *first, last, next* und *past* („der erste", „der letzte", „der nächste" und „der vergangene") in einer Pluralangabe nicht auf einen einzigen Zeitpunkt beziehen, müssen sie durch das Wort *few* („einige", „wenige", bleibt hier unübersetzt) erweitert werden: „während der letzten Tage" heißt *during the last few days*, aber *the first consignments*, „die ersten Lieferungen", braucht nicht erweitert zu werden, wenn diese Lieferungen gleichzeitig eintrafen; bei *the first few consignments* gingen sie zu verschiedenen Zeitpunkten ein.

10. *commission* ist nicht Kommission im kaufmännischen Sinn, sondern die „Provision"; „auf Provisionsbasis" wäre *on a commission basis*. Das englische *provision* ist „Vorrichtung", „Einrichtung" oder auch „Vorsorge", „Vorkehrung", im Plural bedeutet es „Nahrungsmittel" oder „Verpflegung". Für das deutsche „Kommission" s. Anm. 11.

11. a) *consignment* kann sich auf eine allgemeine „Lieferung" oder „Sendung" beziehen, aber es bezeichnet auch die „Konsignationssendung", die ein Hersteller seinem „Kommissionär" *(commission agent)* zuschickt, der sie dann „auf Kommissionsbasis" *(on a consignment basis)* verkauft. Das bedeutet, daß der Hersteller dem Kommissionär Waren schickt, die dieser zu den bestmöglichen Preisen zu verkaufen versucht. In den meisten Fällen berechnet der Hersteller dem Kommissionär etwa 80% des erhofften Erlöses und legt der Sendung eine „Proforma-Rechnung" *(pro-forma invoice)* bei, aus der die Preise, die er erzielen möchte, ersichtlich sind.

b) In der „Verkaufsabrechnung", *account sales (A/S)*, führt der Kommissionär nach Verkauf der Konsignationsware den erzielten „Bruttoerlös" *(gross proceeds)* auf und setzt seine „Vermittlergebühr" *(commission)*, „Spesen" *(expenses)* und die eventuell bei Erhalt der Waren gezahlte Summe ab. Zusammen mit dem sich so ergebenden „Restbetrag" *(balance)* schickt er die Verkaufsabrechnung an seinen Auftraggeber.

12. Bei mehreren englischen Wörtern, die besonders häufig in Handelsbriefen anzutreffen sind, ist eine zweifache Schreibweise möglich:

enclose, inclose	„beifügen"
enclosure, inclosure	„Anlage"
enquire, inquire	„anfragen", „erfragen"
enquiry, inquiry	„Anfrage"

despatch, dispatch	„versenden", „abschicken"; „Versand"
endorse, indorse	„auf der Rückseite vermerken" oder „unterschreiben"
endorsement, indorsement	„Vermerk" oder „Unterschrift auf der Rückseite" u. a.

13. Man unterscheidet zwischen *offer*, dem „(unverbindlichen) Angebot", *firm offer*, einem „festen (d. h. über einen bestimmten Zeitraum hin gültigen) Angebot", und *tender*, dem „rechtlich bindenden Angebot" oder „Kostenvoranschlag" von Dienstleistungen, bei Großaufträgen (z. B. für Straßen- oder Tunnelbauten usw.) auch „Leistungsverzeichnis" genannt.

14. *open order*, ein „freihändiger Auftrag", bei dem der Käufer nur die ungefähre Höhe des Rechnungsbetrages vorschreibt, dem Lieferanten jedoch in der Auswahl der Waren freie Hand läßt.

15. *indent (order)*, eine Bezeichnung für größere Auslandsaufträge, die in besonders ausführlicher Form, meist auf eigens dafür gedruckten Formularen, einem Vertreter oder Exporteur erteilt werden; in einem Fall sind dem Vertreter oder Exporteur bestimmte Lieferanten vorgeschrieben *(closed indent)*, im anderen Fall können die Waren von beliebigen Herstellern aufgekauft werden *(open indent)*.

16. *clearing office*, die „Verrechnungsstelle", ist eine Einrichtung, in der gegenseitige Schulden zwischen den Mitgliedern beglichen, d. h. gebucht und ausgeglichen werden können. Das Wort geht zurück auf die von Deutschland nach 1930 eingeführten „Ausgleichshandelsabkommen" *(clearing agreements)*, die getroffen wurden, weil die strengen Devisenbestimmungen kaum eine andere Art des Außenhandels zuließen. Diese Abkommen erforderten einen Warenaustausch zwischen zwei Ländern. Export und Import zwischen den betreffenden Ländern wurden gegeneinander verbucht; der Verkäufer erhielt den Wert der verkauften Waren von der inländischen Devisenstelle und der Käufer zahlte an die Devisenstelle seines Landes.

17. „Einfuhrbeschränkungen" *(import restrictions)* sind von den Bestimmungen eines jeden Landes abhängig. Grundsätzlich zerfallen sie in die folgenden Gruppen:
tariffs oder *customs duties* „Zölle";

import licences „Einfuhrgenehmigungen", die bei bestimmten Waren Vorschrift sind und dem Käufer die notwendigen Devisen nur zusprechen, wenn der Import von den Behörden genehmigt wird;

import quotas „Einfuhrkontingentierungen", die festsetzen, welche Mengen einer Ware in einem bestimmten Zeitraum eingeführt werden können; die erlaubte Gesamtmenge wird auf die einzelnen Lieferantenländer verteilt. Einfuhrgenehmigungen sind auch hier erforderlich und werden nur dann erteilt, wenn das Kontingent der Ware für diesen Zeitraum und dieses Land noch nicht überschritten ist.

Zur teilweisen Umgehung solcher Einfuhrbeschränkungen werden manchmal „Tauschabkommen" *(exchange agreements)* abgeschlossen, die an die früheren *clearing agreements* (s. Anm. 16) anlehnen, und die Schwierigkeiten in der Devisenerlangung für Käufer und Verkäufer ausschalten.

18. „Bestätigung" und „bestätigen" wird mit *confirmation* und *to confirm* übersetzt, wenn es die „Bekräftigung" von etwas Gesagtem oder Geschriebenem bedeutet; drückt es den „Erhalt" oder die „Ankunft" einer Sendung, eines Briefes usw. aus, so ist die Übersetzung *acknowledgement* und *to acknowledge*.

19. Das *Royal Institute of Public Health and Hygiene* ist eine offiziell anerkannte Körperschaft, die nach Untersuchung bestätigt, daß der Artikel einem festgesetzten Warenstandard entspricht, d. h. keine schädlichen Bestandteile enthält usw. Die Erlangung einer solchen Bescheinigung ist nicht Vorschrift, aber für den Verkauf von Vorteil.

20. Einige englische Verben (*sell, wear, fold, retail, read* u. a.) können in aktivischer Form passivische Bedeutung haben. Diese Form ist im kaufmännischen Stil besonders beliebt. Im Deutschen steht dafür die reflexive Form (oft in Verbindung mit „lassen") oder eine unpersönliche Form (oft in Verbindung mit „können"), seltener eine Passivkonstruktion:
the article sells well „der Artikel läßt sich gut verkaufen";
the cloth is long-wearing „der Stoff läßt sich lange tragen", d. h. „der Stoff ist dauerhaft";
it folds into a flat shape „man kann es zu einer flachen Form zusammenklappen" oder „zusammenfalten";
it retails at £0.30 „es wird im Einzelhandel zu £0.30 verkauft";
the signature reads ... „die Unterschrift läßt sich als ... lesen", d. h. „die Unterschrift lautet ...".

21. Gegen den „internationalen Antwortschein", *international reply coupon,* kann der Empfänger Briefmarken im Wert eines einfachen Auslandsbriefes bei den Postämtern seines Landes eintauschen.

22. Im Außenhandel haben sich folgende Abmachungen eingebürgert, die häufig in der Abkürzung angegeben werden:
f.o.b. = *free on board:* der Verkäufer trägt alle Beförderungskosten bis auf das Schiff.
f.o.r. = *free on rail; f.o.t.* = *free on truck* (= Waggon); *f.o.w.* = *free on waggon:* diese drei Klauseln sind gleichbedeutend: der Verkaufspreis schließt alle Transportkosten bis zur Verladung im Eisenbahnwagen ein.
f.a.s. = *free alongside ship:* frei Schiffsseite.
c.f. = *cost, freight:* Beförderungs- und Frachtkosten gehen bis zum Bestimmungshafen zu Lasten des Verkäufers. Die Seeversicherungskosten sind nicht einbegriffen.
c.i.f. = *cost, insurance, freight:* außer den gesamten Beförderungskosten trägt der Verkäufer auch die Seeversicherungsgebühr.
c.i.f.c. = *cif* und *commission:* zu den vorher genannten Kosten übernimmt der Verkäufer auch die Vermittlungsgebühr für den Kommissionär.
c.i.f.c.i. = *c.i.f.c.* und *interest:* zu den vorstehend aufgeführten Kosten kommen noch die Zinsen für die Zeit des Transportes.
carr. fwd. oder *cd. fwd.* = *carriage forward:* der Käufer trägt alle Transportkosten.

23. Auch wenn ein Brief nicht an eine einzelne Person gerichtet ist, benutzt der Engländer nur selten die etwas plumpe Pluralform *yourselves* und schreibt meistens *yourself.*

24. *at an early opportunity* „bald" (wörtlich „bei baldiger Gelegenheit"), *soon* und *shortly,* „bald(ig)", können nur adverbiell benutzt werden, das adjektivische „baldig" ist immer mit *early* zu übersetzen: „eine baldige Antwort" *an early reply.*

25. Aus Gründen der Kostenersparnis und der Geheimhaltung bedient man sich im überseeischen Kabelverkehr seltener der offenen Sprache *(plain language)*, sondern meistens einer Schlüsselsprache *(code-language)*, in der ein einzelnes Wort für lange Satzteile oder ganze Sätze steht. Der von einer Firma verwendete Schlüssel *(code)* ist aus dem Kopf ihrer Briefbogen ersichtlich. Bekannte Codes sind: *ABC 6th Edition*, *Western Union 5 Letter* und *Bentley's*. Gelegentlich werden Codes verwendet, die auf die besonderen Bedürfnisse des betreffenden Geschäftszweiges zugeschnitten sind; solche Branchencodes sind z. B.: *International Bankers' Code*, *Ironmongers' Code*, *Shipowners' Telegraphic Code*, *Anglo-American Cotton Telegraphic Code*.

26. *tale quale* „so wie sie sind", „wie besehen"; nachträgliche Beanstandungen sind in solchen Fällen nicht zulässig.

27. *false packing* bezeichnet das „betrügerische Hineinpacken" schlechter Ware in das Innere der Ballen. Da ein derartiger Betrug äußerlich nicht erkennbar ist, kann innerhalb einer bestimmten Frist dagegen noch Einspruch erhoben werden.

28. Etwaige Mängel der Waren stellen sich natürlich erst am Bestimmungsort heraus. Um unberechtigte Klagen auszuschalten, lassen Käufer und Verkäufer, wenn es sich um große und schwer kontrollierbare Sendungen handelt (z. B. Baumwoll- oder Teesendungen, die meist sofort nach der Ankunft durch Versteigerung weiterverkauft werden), im Ankunftshafen gemeinschaftlich Muster ziehen, die versiegelt werden und als Unterlage für eventuelle spätere Beschwerden dienen; *test samples* sind kleinere „Muster" oder „Proben", die dem Käufer lediglich zeigen sollen, wie die Ware ausfällt. Sie können nicht als Unterlagen für eine Gutachtensstellung (s. Anm. 29) dienen.

29. Vor „Einreichung einer Schadenforderung" *(lodging a claim)* oder „Beantragung einer Arbitrage" *(claiming arbitration)* (s. Anm. 30 und 31) wird der beanstandete Mangel oder Schaden von einem „sachverständigen Gutacher" *(surveyor)* oder „Havariekommissar" *(average surveyor)* in einer „Besichtigung" *(survey)* festgestellt und in einem „Gutachten" *(survey[or's] report)* oder „Schadenattest" *(certificate of damage, certificate of average)* bescheinigt. Ohne eine solche Bescheinigung wird die Schadenforderung nicht anerkannt.

30. Mängel oder Schäden einer Lieferung können durch die Schuld des Verkäufers oder auf dem Transport entstehen. Ist ein Transportschaden (s. Anm. 31) eindeutig ausgeschlossen, dann richtet der Käufer seine „Beschwerde" *(complaint)* oder „Schadenforderung" *(claim)* an den Verkäufer oder dessen Vertreter. In vielen Fällen ist eine „gütliche Beilegung" *(amiable settlement, amicable settlement)* möglich; wenn sich jedoch Streitigkeiten ergeben, verlangt der Käufer eine Entscheidung durch Schiedsgericht *(he claims arbitration)*, d. h. „er beantragt Arbitrage". Beide Parteien bestimmen einen „Schiedsrichter" *(arbitrator)* durch Vermittlung des Konsulats oder der Handelskammer, oder durch gütliche Übereinkunft. Können diese zu keiner Einigung gelangen, dann wird ein dritter Schiedsrichter, ein „Obmann" *(umpire)* ernannt, der den Ausschlag gibt.

31. Ist der Verkäufer für den Mangel oder Schaden einer Sendung nicht verantwortlich, so muß der Käufer nach Bescheinigung des Schadens (s. Anm. 29) als erstes dem „Schiffsvertreter" *(ship's* oder *shipping agent)* in einem „Protestschreiben" *(protest)* seine „Schadenforderung" *(claim)* vorlegen, auch wenn nicht erwiesen ist, ob die Reederei tatsächlich für den Schaden verantwortlich gemacht werden kann. Lehnt die Reederei die Verantwortung ab, muß er diese Ablehnung zusammen mit dem Schadenattest an den „Vertreter für Schadenforderungen" *(claims agent)* bei der zuständigen „Versicherungsgesellschaft" *(insurance company, underwriters)* schicken.

32. „Verschiffungspapiere": sämtliche Dokumente, die sich auf die Sendung selbst und deren Versand beziehen, werden unter dem Sammelbegriff *(shipping) documents* zusammengefaßt. Da sie sowohl ein Beweis für den ordnungsgemäßen Versand der Waren als auch für den Inhaber den rechtmäßigen Besitztumsanspruch auf die Waren darstellen, müssen sie bei Zahlung der Waren an den Käufer ausgehändigt werden; *documents against payment* „Dokumente gegen Zahlung", *documents against acceptance* „Dokumente gegen Akzept" (s. Anm. 40). Die wichtigsten Dokumente, die zu den Verschiffungspapieren gehören, sind:

a) *shipping note*, eine „Verschiffungsanweisung" von dem Verschiffer (Verkäufer oder Spediteur) an die Hafenverwaltung; die Anweisung enthält Einzelheiten über die zu verschiffende Ladung, eine Abschrift mit dem Vermerk *receipt* („Quittung") ist beigefügt und wird von der Hafenverwaltung unterschrieben und zurückgeschickt;

b) *freight account*, die „Frachtrechnung", die die Reederei daraufhin an den Verschiffer schickt; der Frachtbetrag wird nach den Angaben in der Verschiffungsanweisung errechnet. Nun bereitet die Reederei den Seefrachtbrief (s. u.: *bill of lading*) vor, und falls dieser bis zur Verladung der Waren noch nicht fertiggestellt ist, wird die Übernahme der Waren auf das Schiff bestätigt durch

c) *mate's receipt*, die „Steuermannsquittung" oder den heutigen Verhältnissen entsprechend „Quittung des ersten Offiziers", aber man benutzt auch im Deutschen den englischen Ausdruck. Zusammen mit dem mate's receipt wird häufig eine „Bordbescheinigung" *(board certificate, receiving note)* ausgestellt. Das mate's receipt wird nach Fertigstellung des Seefrachtbriefes (s. u.: *bill of lading*) gegen diesen ausgetauscht. Es bestätigt außer der Anbordnahme der Waren auch deren Zustand (Bordbescheinigungen bestätigen nur die Anbordnahme); ein „reines" *(clean)* mate's receipt, wenn die Waren in einwandfreiem Zustand sind, ein „unreines" *(foul)* mate's receipt, wenn an den Waren oder der Verpackung etwas nicht in Ordnung ist. Der Vermerk *clean* oder *foul* wird ebenfalls in den Seefrachtbrief übernommen, und um eventuelle Schwierigkeiten durch einen *foul*-Vermerk zu vermeiden, gibt der Verschiffer der Reederei oder dem Kapitän bei Beanstandungen eine „Ausfallbürgschaft" *(letter of indemnity)*, d. h. eine schriftliche Garantieerklärung, in der er sich verpflichtet, für alle Schäden, die durch den beanstandeten Mangel (z. B. unzureichende Verpackung) entstehen könnten, aufzukommen. In diesem Fall erhält er ein reines Konnossement;

d) *bill of lading*, der „Seefrachtbrief" oder das „Konnossement". Dieses Dokument wird von der Reederei ausgestellt, und zwar als Originaldokument in dreifacher Ausfertigung *(in triplicate)*; „Abschriften" *(plain copies)*, die nicht unterschrieben sind und damit auch keinen Handelswert haben, werden in beliebiger Anzahl gegeben. Eines der Originaldokumente erhält der Exporteur (gegen das *mate's receipt*, das er bei der Verladung oder von dem Spediteur erhalten hat, und von dem er häufig eine Abschrift zurückbehält), das zweite erhält der Kapitän, und das dritte wird an den Käufer direkt geschickt. Der Seefrachtbrief enthält alle wichtigen Einzelheiten über die Sendung wie Menge und Art der Ware, Verpackung, besondere Zeichen auf der Verpackung, den Namen des Aus- und Einfuhrhafens, den Namen des Transportschiffes und der Reederei, den Namen des Verkäufers, Spediteurs und Einkäufers usw. Er ist eine Besitztumsurkunde *(document of title)* über die darin aufgeführten Waren für den Inhaber *(bearer)*, und in den meisten Fällen ist er auch ein Papier mit Handelswert *(a negotiable instrument)*, d. h. er kann an eine andere

Person übertragen werden, auf die damit das Besitztumsrecht der Waren übergeht;

e) *through bill of lading*, ein „Durchkonnossement", das eine Umladung einschließt. Kleinere Überseehäfen haben oft keine direkte Verbindung mit Europa. Verschiffungen erfolgen dann mit einem Küstendampfer bis zum nächsten Großhafen, wo die Umladung in den Europadampfer vorgenommen wird. (Der Vermerk im Konnossement lautet z. B.: *to Basrah in transhipment via Bombay*, „nach Basra in Umladung über Bombay"). — Das Konnossement wird jedoch gleich im Abgangshafen für den ganzen Transportweg ausgestellt;

f) *consignment note* oder *waybill*, der „Frachtbrief" für Transporte, die auf dem Land- oder Luftweg ausgeführt werden; im Gegensatz zum Seefrachtbrief ist dieses Dokument „nicht übertragbar" *(non-negotiable)*;

g) *dock warrant*, *wharfinger's receipt* und *warehouse warrant*, „Lagerbescheinigungen", die bei der Einlagerung von Waren vor, auf, oder nach dem Transport in Lagerhäusern im Hafen oder anderswo von der Verwaltung des Lagerhauses ausgestellt werden. Sie sind eine Empfangsbestätigung und ebenfalls eine übertragbare Besitztumsurkunde, ohne deren Vorlegung die Waren nicht aus dem Lagerhaus entfernt werden können;

h) *commercial invoice*, die endgültige und verbindliche „Handelsrechnung", die nach Versand der Waren ausgefüllt wird; die „Proforma-Rechnung" *(pro-forma invoice)*, die dem Käufer früher zugeschickt wird und ihm als Richtlinie für die Akkreditiveröffnung (s. Anm. 4) oder beim Weiterverkauf (s. Anm. 11) dient, hat keine bindende Gültigkeit. Auf der Rückseite der Handelsrechnung sind häufig Vordrucke für verschiedene Bescheinigungen, die zur Festsetzung der Zölle dienen (s. u.: *certificate of origin*);

i) *consular invoice*, die „Konsulatsrechnung", ist eine Ausfertigung der Handelsrechnung, die von einem Konsul des importierenden Landes im Land des Exporteurs zur Überprüfung der Preise beurkundet wird. Die Gebühren für diese Beurkundung heißen *consular fees*, „Konsulatsgebüren";

j) *certificate of origin*, das „Ursprungszeugnis", und andere Bescheinigungen über Wert, Art, Gewicht usw. *(certificates of value, type, weight etc.)*, die von den Zollbehörden des exportierenden Landes ausgestellt werden, begleiten die Handelsrechnung und dienen zur Errechnung des Einfuhrzolls; sie sind sehr wichtig, da viele Einfuhrländer bestimmten Ausfuhrländern „Vorzugszölle" *(preferential tariffs)* gewähren.

33. *bonded warehouse*, ein „Zollschuppen", in dem Waren nach Ankunft des Dampfers bis zur Zahlung der anfallenden Zollgebühren gelagert werden können, d. h. müssen, wenn der Zoll nicht sofort entrichtet wird. Bei Waren mit hohen Zollgebühren (z. B. Tabak) bedeutet dies eine große Erleichterung für den Importeur.

34. Die Versicherungssumme deckt also außer der Gefahr während des Seetransportes noch ein 45tägiges Lagerrisiko, d. h. während der Laufzeit des Wechsels und weiteren 15 Tagen, die für eine etwaige Verzögerung vorgesehen sind. In der Regel werden Wechsel und Dokumente, die per Postdampfer oder Flugpost gehen (mit letzterer etwa 5 bis 6 Tage nach Südafrika), früher als die Waren drüben eintreffen, für deren Transport mindestens 3 Wochen gebraucht werden dürften. In diesem Falle braucht dann eine so lange Einlagerung gar nicht in Anspruch genommen zu werden.

35. *ship's sweat* „Schiffsschweiß": Die Feuchtigkeit der im Schiffe enthaltenen Luft pflegt sich beim Übergang von wärmeren in kältere Gebiete in schweißartiger Form an den Wänden niederzuschlagen, wobei Tropfenbildung eintreten kann, die die Güter beschädigt.

36. *floating policy*, eine „offene Versicherungspolice", die über einen bestimmten Betrag, nicht für eine bestimmte Sendung, abgeschlossen wird; die anfallenden Sendungen werden der Versicherungsgesellschaft einzeln angekündigt, und diese zieht den Versicherungsbetrag für jede dieser Sendungen von der Police ab, bis die Gesamtsumme aufgebraucht ist.

37. *policy without franchise*, eine „Versicherungspolice ohne Franchise"; *franchise* beschreibt bei Versicherungsangelegenheiten die Selbstbeteiligung des Versicherungsnehmers; d. h. Haftung durch die Versicherungsgesellschaft tritt erst ein, wenn eine bestimmte Schadenshöhe überschritten wird, für alle darunterliegenden Schäden kommt der Versicherungsnehmer auf.

38. *Chartered Companies:* die ersten Gesellschaften, die sich in Großbritannien bildeten, erhielten verbriefte Vorrechte und Handelsprivilegien von der Krone *(they were granted special rights and privileges of trade by Royal Charter).* Zu diesen Gesellschaften gehörten z. B. die *Hudson's Bay Company* und die *British East India Company*, etwas später die *British East Africa Company.* Nicht selten waren solche Gesellschaften die Vorläufer zu Großbritanniens politischer Herrschaft in den fraglichen Gebieten. Der Titel deutet immer auf ein langes Bestehen der Gesellschaft, auch wenn sie nicht von der gleichen Wichtigkeit wie die oben erwähnten sein mag.

39. Der „Wechsel" (die „Tratte") ist im Englischen *bill of exchange* oder *draft.* Im Außenhandel wird der Wechsel meist in dreifacher Ausfertigung gezogen; ein „Wechselsatz" *(set of bills)* besteht also aus dem „ersten Wechsel" *(the first of exchange)*, dem „zweiten Wechsel" *(the second of exchange)* und dem „dritten Wechsel" *(the third of exchange).* Man unterscheidet zwischen:

bill after date, z. B. *30 d/d* oder *2 m/d (30 days after date* oder *2 months after date):* „30 Tage nach Dato" oder „2 Monate nach Dato", d. h. daß die angegebene Laufzeit von dem Ausstellungsdatum an gerechnet wird. In obigen Fällen wird der Wechsel also 30 Tage oder 2 Monate nach Ausstellungsdatum fällig;

bill after sight, z. B. *30 d/s (30 days after sight):* „30 Tage nach Sicht", d. h. daß die angegebene Laufzeit von dem Datum das Akzepts (s. Anm. 40) an gerechnet wird, der Wechsel also z. B. 30 Tage nach dem Akzept zahlbar wird;

bill at sight oder *sight bill*, der „Sichtwechsel", der bei Vorlage fällig ist.

40. Das „Akzept", *acceptance*, verleiht dem Wechsel seinen Wert. Nachdem der Wechsel gezogen wird, muß er dem Bezogenen vorgelegt werden, und dieser muß ihn mit seiner Unterschrift (dem Akzept) anerkennen und sich damit zur Zahlung verpflichten. Bei dem Sichtwechsel (s. Anm. 39) ist das Akzept nicht notwendig. Nach diesem Akzept kann der Aussteller den Wechsel als Zahlungsmittel verwenden, ebenso wie man einen Scheck weiter begeben kann.

41. *acceptance credit*, der „Akzeptkredit", ist im Außenhandel sehr häufig benutzt. Kaufmännische Banken *(accepting* oder *acceptance houses, merchant bankers)* wie die deutschen Commerz- und Handelsbanken haben ihre Vertreter, Zweigstellen oder Korrespondenzbanken, die sie über die Kreditwürdigkeit und Zahlungsfähigkeit der dortigen Händler unterrichten, in den wichtigsten Wirtschaftszentren der Welt. Möchte z. B. ein ausländischer Käufer bei einem englischen Exporteur Käufe tätigen, wird ein *Acceptance House* in London einen Akzeptkredit für ihn eröffnen, nachdem es die notwendigen Informationen über ihn eingeholt hat, d. h. es wird Wechsel für ihn akzeptieren. Der Exporteur zieht den Wechsel auf das *Acceptance House*, und dieser Wechsel kann sehr viel leichter diskontiert werden (s. Anm. 42) als ein Wechsel auf irgendeinen in England völlig unbekannten ausländischen Händler.

42. Das „Diskontgeschäft", *the discounting of bills*, ist der Verkauf oder Erwerb von noch nicht fälligen Wechseln; es wird hauptsächlich durch „Diskontbanken" *(discount houses)* ausgeführt. In England entfällt der Großteil des Diskontgeschäftes auf die *London Discount Houses Association*, die aus 24 Mitgliedsfirmen besteht, von denen *Alexanders*, die *National Discount Company* und die *Union Discount Company of London* die größten sind. Diese Institute erwerben noch nicht fällige Wechsel unter Abzug einer bestimmten Summe von dem Nennwert des Wechsels; die Abzugssumme *(discount)* wird durch die noch offenstehende Laufzeit des Wechsels und durch das mit dem Wechsel verbundene Risiko bestimmt.

43. Der Wechselprotest ist eine amtliche, von einem Notar, Gerichts- oder Postbeamten aufgenommene Bescheinigung, daß eine Wechselverpflichtung nicht erfüllt worden ist. Er ist die Voraussetzung für eine etwaige spätere Wechselklage.

44. Mit *Home Counties* bezeichnet man die Grafschaften, die um London liegen, nämlich Essex, Middlesex, Kent, Surrey und Hertfordshire.

45. Wenn einem Hotelbesitzer mehrere Hotels gehören, sind sie in einer Gruppe, *a group of hotels*, aneinander angeschlossen.

MASSE UND GEWICHTE

I. British Measures — Britische Maße

1. Linear Measures — Längenmaße

line (l.) = $^1/_{12}$ inch = 2,12 mm.
inch (in.) = 12 lines = 2,54 cm.
foot (ft.) = 12 inches = 30,48 cm.
yard (yd.) = 3 feet = 91,44 cm.
fathom (f[m].) = 6 feet = 182,88 cm.
link (li.) = $^1/_{100}$ chain = 20,117 cm.
rod (rd.), pole (p.) *od.* perch (p.) = 5 ½ yards = 5,029 m.
chain (ch.) = 4 poles = 20,117 m.
furlong (fur.) = 10 chains = 201,168 m.
statute mile ([stat.] m[i].) = 8 furlongs = 1 609,342 m.
nautical (*od.* geographical) mile (naut. m[i].) *od.* knot (k.) = 1 852 *m.*

2. Yarn Measures — Garnmaße

a) Für Baumwollgarn

thread = 1 ½ yards = 1,372 m.
lea *od.* skein = 120 yards = 109,728 m.
hank = 7 leas = 768,095 m.
spindle = 18 hanks = 13 825,713 m.

b) Für Wollgarn

lea = 80 yards = 73,152 m.
(standard) hank = 7 leas = 512,063 m.

c) Für Kammgarn

skein = 80 yards = 73,152 m.
hank = 7 skeins = 512,063 m.
gross = 144 hanks = 73 737,135 m.

d) Für Leinengarn

cut = 300 yards = 274,32 m.
hank = 12 cuts = 3 291,836 m.
bundle = 16 hanks = 52 669,382 m.

e) Für gezwirnte Seide

hank = 840 yards = 768,095 m.

3. Square Measures — Flächenmaße

square inch (sq. in.) = 6,452 cm².
square foot (sq. ft.) = 144 square inches = 929,029 cm².
square yard (sq. yd.) = 9 square feet = 8 361,260 cm².
square pole (sq. p.), square rod (sq. rd.) *od.* perch (sq. p.) = 30 ¼ square yards = 25,29 m².
rood (r.) = 40 perches = 1011,72 m².
acre (A.) = 4 roods = 4 840 square yards = 4046,8 m².
square mile (sq. mi.) = 640 acres = 258,998 ha = 2,589 km².

4. Cubic Measures — Kubikmaße

cubic inch (cu. in.) = 16,387 cm³.
cubic foot (cu. ft.) = 1728 cubic inches = 28 316,754 cm³.
cubic yard (cu. yd.) = 27 cubic feet = 0,765 m³.

5. Shipping Measures — Schiffsmaße

register ton (reg. t.) = 100 cubic feet = 2,832 m³.
freight ton *od.* measurement ton *od.* shipping ton = 40 cubic feet = 1,133 m³.

6. Measures of Capacity — Hohlmaße

A. Dry Measures – Trockenmaße

imperial quarter (imp. qr.) = 290,935 l.
bushel (bu.) = 4 pecks = 36,366 l.
peck (pk.) = 2 gallons = 9,092 l.
imperial gallon (imp. gal.) = 4 quarts = 4,546 l.
quart (qt.) = 2 pints = 1,136 l.
pint (pt.) = 4 gills = 0,568 l.
gill (gi.) = 0,142 l.

B. Liquid Measures – Flüssigkeitsmaße

gallon (gal.) = 4 quarts; 1 quart (qt.) = 2 pints; 1 pint (pt.) = 4 gills = 0,568 l.

C. Apothecaries' Fluid Measures – Apothekermaße

minim (m.) = 0,0592 ml.
drachm (dr.) = 60 minims = 3,5515 ml.
ounce (oz.) = 8 drachms = 0,0284 ml.
pint (pt.) = 20 ounces = 0,5683 l.
imperial gallon (imp. gal.) = 8 pints = 4,546 l.

II. British Weights — Britische Gewichte

1. Avoirdupois Weight — Handelsgewicht

grain (gr.) = 64,799 mg.
7000 grains = 1 pound.
ounce (oz.) = 16 drams = 28,35 g.
pound (lb.) = 16 ounces = 453,593 g.
stone (st.) = 14 pounds = 6,35 kg.
quarter (qr.) = 28 pounds = 12,701 kg.
hundredweight (cwt.) *od.* quintal (q.) = 4 quarters = 112 pounds = 50,802 kg.
ton (t.) (*a.* long *od.* gross ton) = 20 hundredweights = 1016,047 kg.

2. Apothecaries' Weight — Apothekergewicht

grain (gr.) = 64,799 mg.
scruple (sc.) = 20 grains = 1,296 g.
dram (dr.) = 3 scruples = 3,888 g.
ounce (oz.) = 8 drams = 31,104 g.
pound (lb.) = 12 ounces = 373,242 g.

3. Troy Weight — Troygewicht

grain (gr.) = 64,799 mg.
pennyweight (dwt.) = 24 grains = 1,555 g.
ounce (oz.) = 20 pennyweights = 31,104 g.
pound (lb.) = 12 ounces = 373,242 g.

III. Quantities of Piece Goods — Zahlenwerte für Stückgüter

dozen (dz.) = 12 Stück
baker's dozen = 13 Stück.
gross (gr.) = 12 dozen = 144 Stück.
score = 20 Stück.
great hundred = 120 Stück.
great gross = 12 gross = 1 728 Stück.

IV. American Measures and Weights — Amerikanische Maße und Gewichte

Neben den englischen Maßen und Gewichten bestehen in Amerika noch:

1. Linear Measures — Längenmaße

chain (ch.) (surveyor's chain) = 20,12 m.
chain (ch.) (engineer's chain) = 30,48 m.

2. Square Measures — Flächenmaße

section (sec.) = 1 square mile = 640 acres = 258,998 ha. = 2,59 km².
township (tp.) = 36 sections = 93,24 km².

3. Dry Measures — Trockenmaße

peck (pk.) = 8,81 l.
(Winchester) bushel (bu.) = 4 pecks = 35,238 l.

4. Wood Measures — Holzmaße

cord = 128 cubic feet = 3,625 m³.
board foot (bd. ft.) = 144 board inches (*Stück Holz von 1 foot im Quadrat und 1 inch dick*).
12 board feet = 1 cubic foot = 0,028 m³.
423,8 board feet = 1 m³.
1000 board feet = 2,360 m³.
1980 board feet = 1 St. Petersburger Standard (165 cubic feet) = 4,672 m³.
fathom (f[m].) = 216 cubic feet = ca. 6,116 m³.
Standard = 165 cubic feet = ca. 4,672 m³.
load = { 50 cubic feet (*bearbeit. Holz*). / 40 cubic feet (*unbearbeit. Holz*).

5. Measures of Capacity — Hohlmaße

bushel (bu.) = 35,238 l.
gallon (gal.) = 3,785 l.
fluid pint (pt.) = 0,473 l.

6. Weights — Gewichte

(*Siehe auch* II/1: Avoirdupois Weight.)
hundredweight (cwt.) = 100 lb. = 45,359 kg.
quarter (qr.) = 25 lb. = 11,339 kg.
short (*od.* net) ton (s.t.) = 2000 lb. = 907,185 kg.

Für Getreide

bushel (bu.) (*Weizen*) = 60 lb. = 27,216 kg.
(*Roggen, Mais*) = 56 lb. = 25,401 kg.
(*Gerste*) = 48 lb. = 21,772 kg.
(*Hafer*) = 32 lb. = 14,515 kg.
boat load = ca. 214,3 long tons = ca. 217 700 kg.
boat load (*Weizen*) = 8 000 bushels.
(*Roggen, Mais*) = 8 571,2 bushels.
(*Gerste*) = 10 000 bushels.
(*Hafer*) = 15 000 bushels.